골프와 고전이 전하는
경영과 삶의 지혜

공자와
孔子
골프 즐기기
高尔夫

나 승 복

박영사

골프와 고전이 전하는 경영과 삶의 지혜

공자와 골프 즐기기

초판발행	2022년 11월 30일
초판2쇄발행	2023년 1월 20일
지은이	나승복
펴낸이	안종만·안상준
편 집	김선민
기획/마케팅	조성호
표지디자인	이소연
제 작	고철민·조영환
펴낸곳	(주) **박영사**
	서울특별시 금천구 가산디지털2로 53, 210호(가산동, 한라시그마밸리)
	등록 1959. 3. 11. 제300-1959-1호(倫)
전 화	02)733-6771
f a x	02)736-4818
e-mail	pys@pybook.co.kr
homepage	www.pybook.co.kr
ISBN	979-11-303-1643-7 03040

정 가   17,000원

프롤로그

2000년 한여름 베이징의 샹춘 CC에서 첫 라운드를 한 지 어언 스무 해 남짓 지났다. 첫 10여 년은 스코어가 즐거움을 주었으나, 다음 10여 년은 스토리가 더 큰 즐거움을 주었다. 잦은 중국 출장 중에 기회가 되면 현지인들과 라운드를 하며 다양한 스토리로 웃음꽃을 피우곤 했다.

필자는 18홀을 도는 동안 희비의 교차를 보며 경영이나 인생의 변화무쌍을 실감한다. 중국 고전이나 어떤 한시는 경영이나 인생에 대하여 많은 가르침을 전한다. 골프, 중국 고전이나 한시, 그리고 경영이나 인생이 서로 통하기 때문이리라. 그래서인지 골프의 여러 상황을 중국 고전이나 한시에 투영하면, 경영이나 인생에 대한 가르침을 실감 나게 배울 수 있다. 그래서, 골퍼가 라운드 때 그 구절의 의미를 헤아린다면, 경영에 대한 지혜를 얻을 수 있을 뿐만 아니라 더 즐겁고 멋진 인생 스토리를 엮을 수 있을 것으로 생각해 왔다.

하지만, 법률 실무가로서 골프, 중국 고전과 한시의 명구, 그리고 경영이나 인생에 관한 스토리를 쓴다는 것이 조심스러운 일이라고 느껴오던 터라, 이 책을 출간하는 데는 오랜 망설임과 커다란 부담이 있었다. 그럼에도 능력이 유한한 필자가 감히 출간을 결심한 것은 골프 애호가로서 이 책의 내용을 골퍼들이나 기업인들과 공유하고 싶다는 바람이 중요한 계기가 되었다.

그 후, 중국 출장 때 현지인들의 지혜를 모은 10여 년간의 고전 명구노트, 학부 때 배운 역대 산문이나 시가의 구절, 중국법률실무 강의 때 인용한 성어(成語), 중국 검색사이트에서 찾은 전고(典故)를 수시로 모아 정리했다. 이러한 명구들의 교훈과 필자의 라운드 소회를 바탕으로, 골프에서 배우는 기업경영 포인트, 위기 관리, 기본과 매너, 스윙 요령, 맨털 관리, 경기 비결, 안전 수칙, 한시산책, 골프패션, 관계지속 방안에 관하여 10개 장으로 구성했다.

법률업무 중에 틈나는 대로 10개 장에 관련된 토픽의 줄거리를 하나씩 써왔다. 프로골퍼들의 라운드 사례나 필자의 에피소드를 연계하여 현장감을 살렸다. 고전의 명구와 시구의 이해를 돕고자, 말미에 문헌설명, 주석과 한자풀이를 추가했으며, 골퍼들이 궁금할 수 있는 골프법률문제도 문답형식으로 덧붙였다. 브런치 연재발행을 통하여 그 내용을 정련하였다.

다만, 필자는 중국 고전이나 한시의 연구자가 아니라 때로 배우고 즐기는 법률 실무가다. 그래서 골프의 여러 상황을 중국 고전과 한시의 명구에 투영할 때 그 저작배경까지는 포섭하지 못했으며, 구절의 의미나 교훈에 초점을 맞췄다. 또한, 골프 교습가가 아니어서 동작과 맨털에 대한 기술적 해결방안을 제시하지는 못했다.

이 책의 집필을 위하여 나름대로 열의와 정성을 다했으나, 필자의 능력이 부족하여 잘못된 부분에 대해서는 독자 제위의 질책을 당부 드린다. 필자는 겸허한 자세로 수용하여 보정해 나갈 것을 약속

한다. 아무쪼록 이 책이 골프 애호가나 기업인들이 골프를 즐기고 기업 경영의 지혜를 얻는데 미약하나마 도움이 되었으면 하는 바람이다.

이 책의 출간을 위하여 헌신해 주신 박영사 관계자분들께 깊이 감사드린다. 또한, 바쁘신 중에 추천의 글로 격려해 주신 인천재능대학교 김진형 총장(한국골프산업학회 회장)님과 한국프로골프협회 한종윤 부회장님께 감사의 뜻을 표한다. 아울러, 필자 곁에서 변함없이 응원을 보내준 가족과 여러모로 도움을 준 친구들에게 고마움을 전한다.

2022년 11월

필 자 씀

추천의 글 1

골프의 결과는 한 골퍼의 정신세계의 발현이라 할 수 있다. 도전과 절제, 그리고 상대방에 대한 배려심의 토대 위에서 고상한 언어와 기품 있는 행동에 의하여 구현되어야 한다. 골프 정신은 족함과 그침의 조화를 요구한다. 기록에의 도전과 함께, 수려한 자연을 만끽하며 동반자와의 따뜻한 대화와 여유를 누릴 때 골프는 더욱 즐겁다.

골프 정신은 개인의 자발적 노력으로 높이기 쉽지 않다. 유구한 역사 속에서 축적된 지혜의 도움이 필요하다. 그 지혜는 바로 고전의 심오한 명구나 울림 있는 시구의 의미를 헤아릴 때 구체화될 수 있다. 최근 골프인구는 급속히 증가하지만 진정한 골프 정신의 기본을 깨우쳐 줄 서책은 부족한 편이었다. 그러던 차에, 골프 애호가인 나승복 변호사가 법률업무 중에 틈틈이 골프 정신의 기본에 대하여 집필한 이 책은 시의적절하다.

나 변호사는 서울대학교 중문학과를 졸업한 후 다년간 변호사 실무에 종사하다가, 북경대학 법과대학원에 유학하여 법학박사학위를 취득했다. 현지인과의 폭넓은 교류와 중국문화에 대한 깊이 있는 이해를 바탕으로 꾸준히 골프 정신의 기본에 관한 자료를 도덕경(道德經), 논어(論語), 장자(莊子), 맹자(孟子) 등의 중국 고전과 한시에서 수집하고 정리해 왔다. 이 중 주옥같은 명구만을 골라 기업경영 포인트, 리스크관리 원칙, 태도와 매너, 맨털관리 노하우, 경기 비결 등을 체계적으로 구성하여 골프 정신의 다양한 측면과 연계했다. 곳곳에서 필자의 라운드 소회, 고사성어, 프로골프의 실제 사례들을 적절히 섞어서 현장감과 흥미를 살렸다. 특히, 함축적이며 유려한 챕터에 대한 소개 글과 중국 고전명구와 한시의 해설을 덧붙인 것은 일품이다. 나아가, 법률 실무가답게 골퍼들이 평소 궁금했던 골프 법률문제를 풀이한 것도 특색이다.

나 변호사가 열의와 정성을 다해 집필한 이 책을 골프를 즐기는 기업인들은 꼭 읽어야 할 것이다. 골프 정신의 기본을 더 견고하게 하는데 중요한 안내서이기 때문이다. 나아가 이 책을 통하여 경영과 인생에 대한 지혜를 얻을 수 있을 것으로 믿어 의심치 않는다.

김 진 형
한국골프산업학회 회장, 인천재능대학교 총장

추천의 글 2

2021년 골프인구는 약 564만 명, 2030세대의 골프인구는 약 115만 명에 달했다. MZ세대와 여성골퍼의 증가로 골프인구는 늘어나고 있다. 골프는 우리 사회에서 남녀노소가 폭넓게 즐길 수 있는 레저로서 상류층 레저의 이미지를 떨치고 대중 레저의 자리를 굳혀가는 중이다.

이처럼 골프인구가 증가일로에 있는 데다 팬데믹으로 해외투어가 제한되면서 전국의 골프장에는 골퍼들로 넘쳐나고 있다. 신규 골퍼든, 기존 골퍼든, 골프의 기본과 매너가 부족하거나 품격이 실추되는 경우들이 생겨서 골프의 이미지를 높이지 못하고 있는 실정이다.

이러한 상황에서, 골프의 기본과 매너에 대해 이해를 돕는 안내서가 부족하여 아쉬움이 컸다. 그러던 차에, 골프 애호가인 나승복 변호사가 본연의 업무 중에 틈틈이 집필하여 본서를 출간한 것은 매우 반가운 소식이 아닐 수 없다.

나 변호사는 서울대학교 중문학과를 졸업한 후 다년간 변호사

실무에 종사하던 중, 중국 북경대학 법과대학원에서 한국인 최초로 법학박사학위를 취득했다. 그 이후 지속적인 노력으로, 법률에 대한 전문지식 외에도 유창한 중국어 실력과 해박한 중국문화 이해의 3박자를 갖춘 중국통이다. 이를 바탕으로, 나 변호사는 논어와 도덕경을 비롯하여 여러 중국고전에서 주옥 같은 명구와 한시에서 감동 시구를 엄선하여 기업경영, 위기 관리, 맨털 관리, 안전 수칙 등과 골프의 여러 상황에 실제적으로 연계했다.

특히, 골프에서 배우는 기업경영 포인트 및 '그 사람의 골프는 그 사람의 세계다'라는 챕터는 인상적이었다. 또한, 한시와 함께 하는 골프투어와 직접 번안한 골프 한시는 색다른 재미를 더해줬다. 나아가, 인용된 고전 명구들은 라운드 때나 사회생활에서 상황에 맞게 활용한다면 지인이나 골프 동반자에게 적잖은 울림을 줄 만하다.

골프인구의 증가로 골프 이미지의 제고가 절실한 상황에서, 나 변호사의 노작인 본서는 골프 애호가나 기업인들에게 골프를 통해 경영이나 인생에 대한 지혜를 제공할 수 있을 뿐만 아니라 골프의 기본이나 품격을 높이는 데 중요한 안내서로서 크게 기여할 수 있을 것으로 믿는다.

한 종 윤
(사)한국프로골프협회 부회장

차 례

제 1 장

골프에서 배우는 기업경영 포인트

골프와 경영은
절묘한 상통으로 심오한 공감을 준다.
충실한 기본과 깔끔한 마무리를 중시하라.
매출확대보다는 위험요소를 없애라.
법의 담장을 넘지 마라.
맹자, 전국책과 도덕경의 경구를 통해
골프와 경영의 관계를 그려 본다.

01

진시황에 대한
노인의 따끔한 일침

백 리를 가는 자, 구십 리를 반으로 삼는다.

[行百里者, 半於九十]

전국책

골프를 치다 보면 시작이 중요하다고 하지만, 정작 중요한 것은 마무리다. 프로 골퍼가 마지막 라운드까지 집중력과 평정심을 유지하지 못하여 우승 문턱에서 무릎을 꿇기도 한다. 주말 골퍼도 최고 기록을 앞두고 마지막 1, 2홀에서 큰 실수를 범하여 물거품이 된다. 또한, 한 홀에서도 파 온을 해낸 후 쓰리펏, 심지어는 포펏의 중대 실수를 범하기도 한다. 이러한 실수는 그 홀로 끝나지 않고 다음 홀이나 남은 라운드까지 악영향을 미친다.

위와 마찬가지로, 기업에서도 경영의 첫 단추인 경영계획이 중요하다고 하지만, 더 중요한 것은 경영계획을 순조롭게 실행하여 경영목표를 완결해 내는 것이다. 그런데, 특정 사업이나 회계연도의 경영계획을 치밀하게 수립하였다고 하더라도, 조직, 지휘, 통제의 과정을 끝까지 효율적으로 이루어 내지 못하는 경우가 있다. 이 경우에는 경영목표의 달성이 어려울 뿐만 아니라 큰 손실이 발생할 수 있다.

전국책(戰國策) 진책 5(秦策五)편의 한 고사는 이러한 골퍼와 경영자에게 마무리의 중요성에 대하여 따끔한 일침을 가한다.

전국시대 진(秦)나라의 왕은 천하통일을 앞두고 국사를 신하에게 맡긴 채 향락에 빠졌다. 어느 날, 근 90세 노인이 백 리나 떨어져 있는 곳에서 함양(咸陽)에 와 어렵게 왕을 만나게 되었다. 왕이 노인에게 "고령에 먼 길을 오느라 고생이 많았소."라고 말했다.

이에 대하여, 노인은 "집을 나선 지 10일 동안 90리를 걸었습니다. 여기에 10일이 더 걸려서야, 나머지 10리를 채워 간신히 함양에 당도했습니다."라고 답했다. 그러자, 왕은 실소를 금치 못하며 "첫 10일에 90리를 왔는데, 10일이 더 걸렸다는 게 계산이 맞소?"라고 반문했다. 이에 대하여, 노인은 "첫 10일에는 전력을 다하여 90리를 왔습니다. 그러나, 그 후에는 너무 피곤한 데다 얼마 안 남았다고 생각하니 정신이 해이해졌습니다. 그때부터는 가도 가도 멀게 느껴지고 한 걸음을 내딛기도 너무 힘들어서 10일이나 걸렸습니다. 이렇게 계산해 보니 첫 10일간 걸었던 90리는 100리의 절반인 셈이었습니다."라고 답하였다.

그러자, 왕이 고개를 끄덕이면서 노인에게 "그 먼 길을 왔는데, 무슨 말을 하고 싶소?"라고 물었다. 노인은 "소인은 이처럼 길을 가는 도리를 전하께 말씀드리고 싶습니다. 지금, 우리 진나라는 천하통일을 앞두고 있습니다. 100리 중 90리에 이른 것이나 다름 없습니다. 소인은 전하께서 이미 이루어 낸 것을 절반으로 여기고, 더 큰 노력을 다하여 나머지 절반을 완성하시기를 바라옵니다. 지금과 같이 해이한 상태에서는 나머지 절반을 이루지 못하고 실패하게 될 것입니다."라고 답했다.

왕은 이에 감동하여 노인의 충고에 감사를 표했다. 왕은 그때부터 다시 마음을 가다듬고 총력을 기울여 마침내 천하통일을 이루었다. 그 왕이 바로 진시황(秦始皇)이다. 그가 노인의 고언을 깊이 새겨듣지 않았다면 중국역사상 최초의 통일 대업은 물거품이 될 수 있었다.

PGA나 LPGA의 메이저대회 마지막 라운드에서 의외의 실수를 범하여 우승을 놓친 예들이 있다.

조던 스피스는 2016년 마스터스대회 마지막 라운드에서 다잡은 우승을 놓쳤다. 스피스는 마지막 라운드 9번 홀까지 5타 차 선두를 달리며 2년 연속 우승을 앞두고 있었다. 3라운드 연속 선두를 달려온 그가 무너지리라고는 어느 누구도 예상할 수 없었다. 그러나 스피스는 12번홀(파3)에서 9번 아이언으로 친 티샷을 그린 앞 물에 빠뜨렸다. 1벌타를 받고 지정위치에서 친 세 번째 샷은 뒷 땅이 나서 다시 물에 빠뜨렸다. 다섯 번째 샷마저 그린 뒤 벙커에 빠지면서 쿼드러플보기를 하는 바람에 우승기회를 날렸다(주석 1).

2017년 브리티시오픈에서 우승으로 부활한 김인경이 2012년 나비스코챔피언십대회 마지막 홀에서 약 30cm의 퍼팅 실수로 우승을 놓쳤는데, 이 경기도 마무리의 중요성을 일깨워 준다.

기업경영에서도 완결의 중요성은 아무리 강조되어도 지나치지 않다. 기업의 경우에는 상당한 인적, 물적 자원이 투입되는 점을 고려한다면 골프의 경우에 비하여 훨씬 중대하다. 만족스런 경영성과를 도출하기 위해서는 경영계획이 회계연도의 마지막까지 업무와 권한 및 자원의 배치와 조정이 효율적으로 이루어지고, 이에 대한 과업 지시와 동기 부여의 과정이 체계적으로 지휘, 통제되어야 할 것이다. 경영 과정에서 조직과 지휘가 끝까지 효율적으로 기능하지 못할 경우 경영성과는 도출되기 어려울 것이다.

어디 골프와 기업경영만 마무리가 중요하랴! 시험이나 관계도 마무리가 좋으면 그 목표를 달성한 것이라고 할 수 있다. 그렇지 않으면 아쉬움을 떨쳐버리지 못하는 경우가 많다. 전국책(戰國策)의 고사에서 일침을 가하는 바와 같이 마무리의 중요성을 깊이 헤아릴 일이다.

문헌

- 유향(劉向): B.C.77~6, 서한 학자, 관료
- 전국책(戰國策): 유향이 전국시대 유세가의 언설(言說), 국책, 일화 등을 나라 별로 편집, 정리한 서적

주석

1) (2016.4.11.), 스피스, 아멘코너 12번홀(파3)에서 7타 쳐 2연패 물거품, 아주 경제, https://www.ajunews.com/view/20160411094806140

한자

- 行百里者, 半於九十 - 劉向(西漢), 戰國策, 秦策 5
  [행백리자, 반어구십 - 유향(서한), 전국책, 진책 5]
- **백 리를 가는 자, 구십 리를 반으로 삼는다.**
- 於: 어조사 어(~에)

02

법망(法網)은 듬성듬성해도
빠져나갈 수 없느니라

천도(天道)의 그물은 광대하고 듬성듬성하지만 빠져나갈 수 없다.

[天網恢恢, 疏而不漏]

도덕경

    골프에서 내기를 하지 않는 경우는 드물다. 어려운 스포츠지만 오락적 요소가 추가되면 더 흥미롭기 때문이다. 내기는 다양하면서도 기발한 종류로 골프의 흥미를 더한다. 매년 새로운 게임방식이 퍼지는 걸 보면 놀라움을 금할 수 없다. 의례 내기를 고려해서 일정액을 준비해 오는 것은 골퍼의 기본이 된 지 오래다. 가벼운 내기는 너무 느슨하여 집중력이 떨어진다고 한다. 양념 정도로는 흥미를 느낄 수 없다고 한다. 하지만, 문제는 법의 허용한계를 넘어서는 경우이다. 즉, 내기가 일시 오락에서 도박이라는 범죄로 탈바꿈하게 되는 경우이다.

    기업에서 경영계획을 세울 때 특정 사업의 수익성이나 거래 상대방의 마케팅 역량 등 몇 가지 긍정적 요소에 치중한 나머지, 그 사업의 법적 요건과 절차에 대하여 심도 있는 사전 검토를 거치지 않는 경우들이 있다. 또한, 그 사업이 해외와 밀접한 관련이 있음에도 현지 법령과 실무에 대하여 충분한 검토를 거치지 않은 채 수익성과 현지 파트너의 마케팅 역량 등에 함몰되는 경우도 있다. 경영계획 단계에서 상당한 법적 리스크가 잠재되어 있는 셈이다.

도덕경(道德經)은 이러한 골퍼와 경영자에게 "천도(天道)의 그물은 광대하고 듬성듬성하지만 빠져나갈 수 없다(天網恢恢, 疏而不漏, 73장)."라고 일침을 가한다. 하늘이 정한 자연규율은 끝이 없을 정도로 넓고 큰 그물과 같아서 살며시 빠져나갈 수 있을 것으로 생각하지만 빠져나갈 수 없을 만큼 엄정하다는 것이다. 하늘이 정한 자연규율 중 대표적인 것은 법이라 할 수 있다. 법이라는 그물(法網)은 넓고 크며 듬성듬성해 보이지만 엄정한 것이어서, 범행을 저지르거나 법적 위험이 잠재된 경우에는 그에 상응한 처벌이나 대가를 피할 수 없다는 것이다.

도덕경의 가르침과 달리, 골퍼가 일시 오락의 담장을 넘어 도박죄나 상습도박죄로 처벌받은 경우들이 있다. 2004년경, 4인은 1타당 50~100만 원으로 하되 라운드 후 정산하여 계좌에 이체하기로 정한 다음, 3인은 26회에 걸쳐 합계 6억여 원 상당의 상습도박을 했고, 나머지 1인은 32회에 걸쳐 합계 8억여 원 상당의 상습도박을 했다. 2인은 징역 6월, 나머지 2인은 징역 8월의 실형을 받았다(서울고등법원 2006.1.11. 선고 2005노2065 판결). 이 판결은 경계를 넘나드는 골퍼들에게 하늘의 법망(法網)은 엄정해서 처벌을 피할 수 없다는 경종을 울려준다.

주말 골퍼들이 내기를 할 때, 어느 정도가 일시 오락인지 고민할 수 있다. 그러나, 일시 오락과 도박은 두부 자르듯이 명확하게 선을 긋기는 어렵다. 판례는 일시 오락인지, 아니면 도박인지를 결정할 때, 직업, 도박의 시간과 장소, 가액의 정도, 가담자들의 사회적 지위나 재산 정도, 이득의 용도 등 여러 객관적 사정을 종합적으로 고려하니(대법원 1985.4.9. 선고 84누692 판결 등), 골퍼들이 라운드 중에 내기를 할 때 각별히 주의할 필요가 있다.

한편, 기업의 경영계획에서 수익성 요소는 다소(多少)의 문제인 반면에, 법적 규제 요소는 가부(可否)의 문제이다. 따라서, 기업이 특정 사업을 경영계획에 반영할 경우 법적 규제 문제는 수익성 문제에 비하여 훨씬 치밀하고 심도 있는 검토가 필요하다. 그럼에도, 기업이 특정 사업의 법적 요건과 절차에 대하여 심도 있는 검토를 거치지 않은 채 경영계획을 수립할 수 있다. 이러한 경우에는 그 사업을 진행하는 과정에서 법적 허용 여부나 인허가절차상의 준비사항 등으로 인하여 중대한 차질을 빚거나 분쟁의 소용돌이에 휘말리게 된다. 심지어는 중도에 그 사업을 포기함에 따라 막대한 손실이 발생하기도 한다.

이와 관련하여, 맹자(孟子)는 고자하(告子下)편에서 "대내적으로 법령을 준수하는 대신(大臣)과 군왕을 보좌하는 부문책임자가 없고, 대외적으로 강력한 적국과 외국의 위협이 없으면, 그러한 국가는 항상 멸망하게 될 것이다(入則無法家拂士, 出則無敵國外患, 國恒亡 / 입즉 무법가불사, 출즉무적국외환, 국항망)."라고 훈계한다. 이를 기업에 적용 하자면, 기업이 대내적으로 법령을 준수하는 부문과 경영자를 보좌 하는 책임자가 없고 대외적으로 강력한 경쟁상대나 위협요인이 없 으면, 그 기업은 파산의 위기에 처하게 된다는 것이다. 이는 최근 중 시되고 있는 ESG경영에서 '준법경영과 투명경영'을 위주로 하는 가 버넌스(Governance) 이슈와 상통한다고 할 것이다.

하늘의 법망(法網)은 골퍼의 도박과 기업의 경영상 위법에 국한 된 것이 아니다. 수많은 실정법의 그물들이 우리 사회를 둘러싸고 있다. 위법행위를 한 경우에는 법망이 바로 걸러내고, 위법이 잠재 되어 있는 경우에는 위법이 드러난 때에 법망이 걸러낸다. 그러하 니, 도덕경(道德經)과 맹자(孟子)의 훈계를 깊이 새겨야 할지어다.

문헌
- 노자(老子): B.C.571~?, 이이(李耳), 춘추시대 초나라 사상가, 도가 시조
- 도덕경(道德经): 노자가 저술한 것으로 알려짐. 도가의 경전. 노자라고도 칭함.

한자
- 天網恢恢, 疏而不漏 − 老子, 道德經 73章
  [천망회회, 소이불루 − 노자, 도덕경 73장]
- **천도의 그물은 광대하고 듬성듬성하지만 빠져나갈 수 없다.**
- 網: 그물 망, 恢: 넓을 회, 疏: 드문드문할 소, 漏: 빠질 루

03

야율초재라면 버디하기보다 더블보기를 피한다

한 가지 이익을 늘리는 것은 한 가지 해악을 없애는 것만 못하다.

[興一利不如除一害]

야율초재(원)

주말 골퍼는 버디 기회가 생길 때 보기를 피하고, 파 기회가 생길 때 더블보기를 피하려는 계획이 우선되어야 한다. 그럼에도 불구하고 라운드를 하다 보면 버디가 보기로, 파가 더블보기로 이어지는 경우가 종종 있다. 거기에서 끝나지 않고 그 이후의 홀에까지 큰 영향을 준다. 이러한 상황이 반복되면 표정이 어두워지고 대화가 줄어든다. 산하의 아름다움을 즐길 여유는 어느새 사라진다.

기업경영에서도 경영계획을 수립할 때에는 위험의 발생 가능성과 발생 시 영향에 대하여 객관적인 분석이 필요하다. 또한, 경영계획을 수립한 후 위험이 조직, 지휘, 통제의 과정에서 발생할 수 있다고 예측되는 경우 적시에 객관적인 분석과 치밀한 대응이 수반되어야 한다. 그럼에도 이러한 조치가 이루어지지 않은 때에는 경영목표의 달성에 부정적 영향을 미치게 된다.

징기스칸의 책사이자 오고데이칸 때의 재상인 야율초재(耶律楚材)는 이러한 골퍼와 경영자에게 깊은 가르침을 전한다.

징기스칸의 제위를 이은 오고데이칸은 천하를 다스리는 방책으로 고민에 빠졌다. 그는 야율초재에게 "부왕께서 대제국을 넘겨주셨고, 나는 그것을 개혁하려 한다. 그대는 좋은 방책이 있는가?"라고 물었다. 이에 대하여, 야율초재는 칸에게 "한 가지 이익을 늘리는 것은 한 가지 해악을 없애는 것만 못합니다(興一利不如除一害). 새로운 제도로 백성을 번거롭게 하는 것보다는 기존의 불합리한 제도를 없애시길 청하옵니다."라고 간언하였다(주석 1).

야율초재는 당시 상황이나 제도의 문제점을 치밀하게 분석하여 그 병폐나 리스크를 해소함이 새로운 제도를 도입하여 개혁하는 것보다 더 중요하다는 점을 강조했던 것이다. 현재의 문제점이나 장래에 미칠 부정적 영향을 고려하지 않은 채 과도한 성과 도출이나 이익 확대에 급급하다 보면 중대한 위험에 빠질 수 있음을 일깨워 준 것이다.

골퍼가 자신의 핸디캡을 순조롭게 유지하기 위해서는 큰 실수를 회피하는 것이 무엇보다 중요하다. 골프는 여러 상황에서 실수를 줄이는 게임이기 때문이다. 주말 골퍼가 야율초재의 위험관리원칙을 철저히 따른다면 실수가 줄어들 것이다. 필자도 찰나의 크고 작은 실수로 생각지 않은 스코어가 속출한 경우들이 많았는데, 이 가르침을 소홀히 한 대가이다.

기업인이 사업을 확장하거나 신규사업을 추진할 때, 현재의 시장상황이나 위험요인을 치밀하게 분석하지 않고 매출확대에만 급급할 수 있다. 그러나, 충분히 분석하지 않은 위험요인이 돌출할 경우 확장사업이나 신사업이 중대한 위기에 직면할 수 있다. 야율초재는 이러한 기업인에 대하여 "매출확대보다는 위험해소가 우선적으로 고려되어야 한다."라고 충고한다.

개인이 주식이나 부동산 등의 자산에 투자하거나 이를 관리할 때에도 이익확대에 급급하기보다는 리스크 해소문제를 우선적으로 고려해야 할 일이다. 야율초재의 가르침을 명심한다면 리스크 해소에 커다란 도움이 될지어다.

작자
- 야율초재(耶律楚材): 1190~1244, 원나라 징기스칸의 책사, 오고데이칸 때 재상

주석
1) https://namu.wiki/w/%EC%95%BC%EC%9C%A8%EC%B4%88%EC%9E%AC

한자
- 興一利不如除一害 — 耶律楚材(元)
  [흥일리불여제일해 — 야율초재(원)]
- **한 가지 이익을 늘리는 것은 한 가지 해악을 없애는 것만 못하다.**
- 興: 흥할 흥, 不如: ~만 못하다. 除: 제거할 제, 害: 해로울 해

원수를 등용한
제환공의 인사원칙

자신에게 엄격하고 타인에게 관대하라.

[嚴以律己, 寬以待人]

진량(송)

골프에서 자신에게 엄격하고 동반자에게 관대하기 쉽지 않다. 프로세계에서는 공히 엄격한 규정이 적용되므로 문제되는 경우가 적다. 그러나, 주말 골퍼에게는 엄격함과 관대함 사이에서 종종 문제가 생긴다. 멀리건, 컨시드, 디봇 등 여러 상황에서 입장 차이가 생긴다. 내기라도 하는 경우면 민감해진다. 캐디에게 결론을 내려달라고 할 때에는 난처한 상황이 발생하기도 한다. 그렇다고 자신과 동반자 모두에게 관대하자니, 느슨함으로 인해 즐거움이 반감될 수 있다. 반면에, 모두에게 엄격하자니, 긴장감으로 인해 즐거움이 역시 반감될 수 있다. 엄격함과 관대함 사이의 조율은 골프 난제 중 하나이다.

기업에서 임직원들이 자신에게 관대하고 동료에게 엄격한 경우들을 볼 수 있다. 경영자나 부문의 책임자가 자신에게 관대하거나 동료에게 엄격한 경우에는 인적 자원의 효율적 운용이 어려워질 수 있다. 이에 따라 동기 부여나 소속감 결여로 인하여 경영목표의 달성에 차질이 생길 수 있다. 또한, 상대방이 협력기업의 관계자이거나 고객일 경우에는 그 여파가 훨씬 크게 초래될 수 있다.

춘추시대 제환공(齊桓公)의 고사는 엄격함과 관대함 사이의 문제를 해결하는 데 도움을 준다.

제나라 왕이 죽자 후계책봉 문제가 생겼다. 재상은 비밀리에 거(莒)나라에 사람을 보내 왕자인 소백(小白)을 귀국하도록 했다. 동시에, 다른 대신은 나이가 더 많은 왕자 규(糾)를 즉위시키고자 했다. 노(魯)나라에서는 규를 제나라에 안전하게 도착할 수 있도록 방책을 마련했다. 아울러, 관중(管仲)으로 하여금 군대를 보내 소백의 귀국을 저지하도록 했다. 양측은 한 지점에서 조우하게 됐다. 소백은 관중이 쏜 화살에 복대를 맞아 가까스로 죽을 위기를 넘겼다. 소백은 화살에 맞아 죽은 것처럼 가장한 후, 마차를 타고 밤낮으로 달려 제나라에 들어왔다. 반면에, 규와 노나라 군대는 소백이 화살에 맞아 죽은 것으로 생각하고 6일 후에야 도성에 들어왔다. 소백은 이미 제나라 왕(제환공)으로 즉위하였으며, 건시지역에 파병하여 노나라 군대를 격멸했다.

제환공은 자신을 죽이려 했던 관중(管仲)을 제거할 생각이었다. 제환공이 군대를 보내 노나라를 공격할 때, 포숙아(鮑叔牙)는 제환공에게 간언하였다. "제나라를 잘 관리하는 데는 몇 대신과 저만 있으면 됩니다. 그러나, 전하가 제후들의 패자가 되고자 한다면 관중을 등용해야 합니다." 제환공은 관중에 대한 원한을 버리고 포숙아의 간언을 받아들였다. 관중은 제환공의 신임 하에 정치, 군사, 경제 방면에서 개혁정책을 완수했다(주석 1). 제환공은 적시에 관중을 등용하여 제나라를 부유한 강국으로 만들었다. 그리하여 제후들이 난립한 춘추시대에 패자 지위를 차지하게 되었던 것이다.

위 고사는 제환공이 자신에게 엄격하고 원한을 가진 관중에게 관대함으로써 패자 지위에 오르게 되었음을 강조한다. 중국에는 이 고사와 같은 취지의 명구들이 여럿 있다. 논어(論語)에서는 "자신에게 무겁게 책임을 묻되 타인에게 가볍게 책임을 묻는다면 원한을 멀리할 수 있다(躬自厚而薄責於人, 則遠怨矣 / 궁자후이박책어인, 즉원원의)."라고 훈계한다. 격언(格言)에서는 "남을 추궁하는 마음으로 자기를 추궁하되, 자기를 용서하는 마음으로 남을 용서하라(責人之心責己, 恕己之心恕人 / 책인지심책기, 서기지심서인)."고 충고한다.

위 고사나 명구들은 골프에서도 그대로 통한다. 라운드 중 멀리건, 컨시드, 디봇 등의 경우 자신에게는 엄격하고 동반자에게는 관대하라는 것이다. 다만, 자신에게 엄격한 것은 좋지만, 동반자에게 지나치게 관대함에 대해서는 유의할 필요가 있다. 자칫 동반자의 기분을 상하게 할 수도 있기 때문이다. 예를 들어, 퍼터 길이보다 조금 더 긴 파팻을 앞두고 있다면, 그 동반자와 나머지 동반자들의 표정이나 라운드 상황을 잘 고려해서 컨시드를 주는 것이 바람직하다.

한편, 위 고사나 명구들은 기업경영에서도 마찬가지로 적용될 수 있다. 골프의 여러 상황에서 볼 수 있는 것처럼, 기업의 경영자나 임직원이 자신에게 엄격하게 대하고 동료나 협력기업 또는 고객에게 관대하게 대한다면, 경영결과가 경영목표에 근접하는 데 큰 도움을 줄 수 있다. 자신에 대한 엄격함은 다소 지나치더라도 문제가 되지 않으나, 상대방에 대한 관대함은 상황과 입장을 사려 깊게 살펴서 적절한 정도를 유지함이 필요하다고 하겠다. 관대함이 과도할 경우, 소속 임직원에 대해서는 지휘에 대한 부작용이 생길 수 있고, 고객 등에 대해서는 오해를 불러일으킬 수 있기 때문이다. 경영자나 조직의 리더가 구체적 상황에 따라 지혜롭게 엄격함과 관대함을 조율하는 것은 기업 내의 경우에는 리더십이나 인사관리의 원칙으로, 기업 외의 경우에는 고객관리의 기본으로 삼을 수 있을 것이다.

일상생활에서도 자신에게 엄격하고 상대방에게 관대하기 쉽지 않다. 이를 실행한다면 수직적 관계이든, 수평적 관계이든 원만하게 유지될 수 있을 것이다. 중국에서 이에 관한 고사나 명구가 많은 만큼 일상생활에서 실행해야 할 덕목으로 삼을 만하다.

작자

- 진량(陳亮): 1143~1194, 송나라 학자
- 사증찰원계(謝曾察院啓): 진량이 증찰원(曾察院)에게 쓴 서간문(書簡文)

주석

1) 百度文庫(2020.10.12.), 齊桓公和管仲的故事, https://wenku.baidu.com/ view/fdf4c689c7da50e2524de518964bcf84b8d52d6b.html?fixfr＝pYKdp aI8R8Gf3E%252FYXFTqhA%253D%253D&fr＝income2－wk_app_searc h_ctrX－search

한자

- 嚴以律己, 寬以待人 － 陳亮(宋), 謝曾察院啓
  [엄이율기, 관이대인 － 진량(송), 사증찰원계]
- **자신에게 엄격하고 타인에게 관대하라.**
- 嚴: 엄격할 엄, 律: 규율 율, 寬: 관대할 관, 待: 대우할 대

모를 뽑아 올린
농부의 조급함

모를 뽑아올려 억지로 자라게 하다.

[揠苗助長]

맹자

코로나19 이래 실내 활동이 제한되면서 사람들이 골프장으로 몰리는 현상이 두드러졌다. 남녀노소 불문이다. 특히, MZ세대 골퍼들이 급증한 것 같다. 그 중에는 몇 차례 레슨을 받은 후 바로 필드에 오는 경우도 적지 않다. 그러다 보니 실수 연발로 위험천만이다. 몇 차례의 만족스런 샷에 온 힘으로 드라이버를 쳐 댄다. 럭비공이나 다름 없는 우드를 거침 없이 휘두른다. 욕심만 앞세워 조급하게 수준을 높이려는 몸부림이 역력하다. 기본이 충실히 다져 있지 않은 모습들이다.

기업경영의 경우에도 유사한 상황이 발생할 수 있다. 경쟁기업이 특정 사업에서 성과를 내거나 시장에서 성장세를 보일 때, 치밀한 분석과 검토를 거치지 않고 경영목표를 높게 설정한 후 그 사업에 뛰어드는 경우들이 있다.

이러한 상황들을 보니, 맹자의 알묘조장(揠苗助長)이라는 고사가 떠오른다.

전국시대 송(宋)나라에 벼의 모를 심었으나 너무 늦게 자란다고 투덜대는 농부가 있었다. 주위의 논을 살펴보니, 자신의 논에 있는 벼가 덜 자란 것처럼 보였다. 마음이 초조해진 농부는 벼를 빨리 자라게 할 것인지에 대한 문제로 고민에 빠졌다. 벼는 눈에 띄지 않게 자라고 있었으나 농부는 조급했다. 다음 날 논에 가서 종일 한 포기, 한 포기 벼를 뽑아 올렸다. 농부는 비틀거리며 집에 돌아와서 식구들에게 생색을 냈다. "오늘 정말 피곤하구나. 하지만, 모를 쑥 자라게 했다." 이 말을 들은 식구들은 몹시 궁금했다. 이상하게 여긴 아들이 다음 날 논으로 가 보았다. 벼가 모두 말라죽어 있었다. 조급함 때문에 일을 그르친 것이었다.

맹자는 위에서 예시한 골퍼에게 조급함을 버리고 기본을 충실히 다지라고 경종을 울린다. 화려한 패션에 고가의 클럽을 구비하였다고 하여 들뜰 일이 아니다. 스윙 원리와 라운드 매너와 같은 골프 기본을 익히라는 것이다. 주말 골퍼가 골프를 좋아하고 즐기는 길은 결국 조급함을 버리고 기본을 충실히 다지는 것이다. 쉬운 듯하면서도 매우 어렵다. 주말 골퍼가 본업으로 바쁜 와중에 꾸준한 연습을 통해 상당한 수준에 이르러야 하기 때문이다. 게다가, 동작이 찰나에 이루어지는 것이니 독학으로는 쉽지 않다. 교습으로 기본을 다져야 하나 뻔히 알면서도 뒷전이다. 사회적 지위와 학력이 높거나 재력이 있다고 하여 예외일 수는 없다.

맹자의 위 고사는 기업의 경우에도 동일하게 적용할 수 있다. 기업이 시장에서 호평을 받고 있는 신사업에 진입하고자 할 경우, 경쟁기업의 매출액에만 급급할 것이 아니라 경영의 기본에 충실하라는 것이다. 즉, 경영계획을 수립함에 있어 미리 수익성, 시장점유율, 생산성, 설비와 원재료의 조달, 자금의 조달 등 구체적 경영방침을 심도 있고 체계적으로 분석, 검토하라는 것이다. 이러한 과정을 거치지 않은 채 다급히 경영계획을 수립한다면 그 이후에 조직, 지휘, 통제와 같은 기능을 제대로 발휘할 수 없음은 불문가지(不問可知)다. 위 고사에 나오는 농부처럼 기업인이 경영의 기본에 충실하지 않고 조급하게 신사업에 진입할 경우 그 경영목표의 달성은 요원할 것이다. 정도(正道) 경영의 핵심을 일깨워 주는 대목이다.

조급함을 버리고 기본에 충실하는 것은 골프와 기업경영에 국한되지 않는다. 자녀교육, 외국어 배우기, 다른 종목의 운동 등 여러 영역에서도 적용되는 대원칙이다. 알묘조장(揠苗助長)의 고사가 주는 교훈을 깊이 새기자.

문헌

- 맹자(孟子): B.C.372~289, 맹가(孟軻), 전국시대 추나라 사상가, 유가 학파
- 맹자(孟子): 맹자가 제후들에 대한 유세와 제자들과의 대화를 기술한 책

한자

- 揠苗助長 − 孟子, 公孫丑
  [알묘조장 − 맹자, 공손추]
- **모를 뽑아 올려 억지로 자라게 하다.**
- 揠: 잡아 뽑을 알, 苗: 싹 묘

제 2장

골프와
리스크관리 원칙

골프는 위기의 연속이다.
굿샷 후에 미스샷이 나오고,
사소한 실수가 대형사고로 이어진다.
위기는 단번에 끝나지 않고,
행운은 연달아 오지 않는다.
화려함보다는 리스크를 줄이라.
위험한 곳에선 우회함이 상책이다.
그래야 질풍(疾風)을 견뎌내는
억센 풀(勁草)이 될 수 있다.

굿샷 뒤에 큰 위기 오니
초집중하라

편안할 때 위험을 생각하고 대비하면 후환이 없느니라.

[居安思危, 思則有備, 有備無患]

좌전

골퍼들이 자주 듣는 경구는 "굿샷 뒤에 위기 오니 방심 마라."이다. 주말 골퍼가 호쾌한 티샷으로 백구를 날려 드넓은 초록필드의 중앙을 가로지른다. 동반자들의 굿샷 함성에 으쓱해지는 어깨를 조심스레 가라 앉힌다. 그 티샷이 롱기스트로 확인되는 순간 동반자들의 칭찬과 부러움이 이어진다.

자신도 모르게 들뜨면서 멘털과 동작이 달라지기 시작한다. 티샷의 흥분이 골프의 기본을 흔들면서 다음 샷에 육중한 압박이 가해진다. 그 결과 뒷땅이나 탑볼로 인하여 5,60미터 정도를 넘기지 못한다. 심한 경우에는 전혀 생각지도 않은 OB나 해저드의 나락에 빠지기도 한다. 망연히 하늘을 보며 한숨을 쉬거나 고개를 푹 숙인 채 자책한다. 동반자들도 돌발상황에 공을 찾는 정도의 수고 외에는 특별한 위로를 건넬 방도가 없다. 굿샷의 주인공은 어느새 평정심을 잃고 실수가 연속되면서, 예상 외의 스코어에 비탄을 금치 못한다. 필자에게 가끔 발생하는 상황이기도 하다. 주말 골퍼라면 이러한 위기에서 자유로울 수 없다.

이러한 골퍼에 대하여, 좌전(左傳) 상공(襄公)편에 나오는 위강(魏絳)의 고사(故事)는 큰 가르침으로 다가온다.

춘추시대 때, 송(宋), 제(齊), 진(晉), 위(衛)나라 등 12개 연합국이 출병하여 정(鄭)나라를 공격하기로 하였다. 정나라 왕은 매우 당황하며 다급히 12개 연합국 중 최강국인 진(晉)나라와 강화할 것을 요청하여 성사시켰다. 이에 따라, 나머지 나라들은 정나라를 공격하지 않게 되었다. 정나라는 이에 보답하기 위하여 진나라 왕에게 대량의 공물과 3명의 걸출한 악사, 100대의 군용마차, 16명의 여가수, 여러 종류의 악기를 바쳤다. 진나라의 왕인 진도공(晉悼公)은 이러한 공물에 기뻐하며 공신인 위강에게 공물을 하사하였다. 위강은 정중히 사양하며 "나라가 이렇게 순조로운 것은 왕의 통치력과 여러 신하들의 합심 노력에 있는데, 신에게 이렇게 하사하십니까? 원컨대, 지금처럼 태평을 누릴 때에도 나라가 부딪칠 여러 위기를 생각하셔야 됩니다. 서경(書經)에 '편안할 때 위기를 생각하고, 생각하면 대비해야 하며, 대비하면 후환이 없다(居安思危, 思則有備, 有備無患).'라는 경구가 있습니다. 지금이 이 경구를 되새겨야 할 때입니다." 진도공은 위강의 충언을 받아들이며 그에게 경의를 표하였다(주석 1). 위강이 정확한 상황인식과 예리한 정세분석을 바탕으로 치밀하게 장래의 위기에 대비하는 태도가 돋보인다.

위강의 위 고사는 나라가 태평하다고 해서 대내적으로 민심을 제대로 읽지 못하고 대외적으로 적국이나 경쟁국의 상황을 파악하지 못한다면 중대한 위기에 봉착한다는 점을 일깨워준다. 아울러, 평시에 위기를 염두하고 대비해야 하며, 적시에 잘 대비하면 위기를 면할 수 있음을 강조한다. 위강이 왕의 뜻에 따라 정나라의 공물을 받고 향락에 빠졌더라면, 정나라는 언제든지 다른 나라들과 연합하여 진나라를 위기에 빠뜨릴 수 있었을 것이다. 맹자(孟子)에서도 이러한 태평성대나 안락에만 빠지면 죽음에 이르는 지름길(死於安樂 / 사어안락)이라고 강조하였는데, 이 구절도 위강의 고사와 같은 교훈을 일러준다.

골퍼가 환상적인 굿샷을 날린 후 큰 실수를 하는 것은 자신의 흥분이나 동반자의 칭찬에 일시 도취되어 동작과 맨털의 기본에서 벗어났기 때문이다. 굿샷의 통쾌함은 다음 샷까지 길어야 십여 분 지속될 수 있으나, 다음 샷의 실수는 찰나에 생긴다. 어찌 보면 다음 샷의 실수를 막기 위해서는 위강의 고사보다 더 치밀하게 "유비무환(有備無患)"의 정신으로 무장해야 할 것이다. 최초로 미국 커리어 그랜드슬램의 신화를 쓴 진 사라센(Gene Sarazen)은 "골프에서 방심이 생기는 가장 위험한 시간은 만사가 순조롭게 진행될 때다."라고 충고했는데, 골퍼에게 굿샷 후의 방심에 대하여 따끔한 일침을 가한 것이다.

사업이나 창작 또는 연구 등 여러 영역에서 일이 순조롭게 진행되다가 예상하지 않은 문제로 위기에 봉착하게 되는 경우들이 있다. 순조로울수록 향후에 발생할 수도 있는 문제들을 치밀하게 대비하는 것이 얼마나 중요한가를 일러준다. 위강(魏絳)의 고사나 맹자(孟子)의 구절로 유비무환의 중요성을 되짚어 볼 만하다.

문헌
- 좌구명(左丘明): B.C.556~452, 춘추시대 노나라 역사가
- 좌전(左傳): 공자가 편찬한 것으로 전해지는 춘추(春秋)의 주석서
- 공자(孔子): B.C.551~479, 공구(孔丘), 춘추시대 노나라 사상가, 유가 시조
- 서경(書經): 중국에서 가장 오래된 역사서. 공자가 편찬한 것으로 전해지며, 요순(堯舜), 하(夏), 은(殷), 주(周)나라의 역사를 담고 있음.

주석
1) 精選城, 哲理故事魏絳上上策之故事, https://4t9.com/zwjxc/57258.htm

한자
- 居安思危, 思則有備, 有備無患 − 左丘明, 左傳, 襄公
  [거안사위, 사즉유비, 유비무환 − 좌구명, 좌전, 상공]
- **편안할 때 위험을 생각하고 대비하면 후환이 없느니라.**
- 居: 살 거, 備: 대비할 비, 患: 근심 환

02

천 장의 제방도
개미구멍에 무너지니라

천 장(丈)의 둑도 개미구멍으로 무너진다.

[千丈之堤, 以螞蟻之穴潰]

한비자

주말 골퍼가 무난한 티샷과 아이언샷으로 파 온을 시키면 기분이 참 좋다. 내리막 옆경사라고 하더라도, 홀까지의 거리가 3~4미터 정도라면 내심 쾌재를 부른다. 만족스런 샷에 버디 찬스가 왔으니, 흥분을 자제하기는 쉽지 않다. 동반자들의 응원이 흥분의 정도를 높여준다. 그린 스피드가 3미터 정도의 내리막 옆경사인데, 조금 길었다간 감당하기 어려운 상황으로 치닫게 된다는 것을 망각할 수 있다. 살짝 지나가게 펏을 한다는 게 들뜬 기분을 이기지 못해 템포를 놓친다. 뜻밖에 1~2미터나 지나친다. 버디 찬스의 예상 밖 기분이 보기 탈피의 육중한 압박으로 탈바꿈하게 된다. 평상시에도 1~2미터 펏을 성공시키는 게 간단치 않지만, 이러한 경우라면 훨씬 더 어렵다. 이 펏을 놓친 후 50cm 정도의 옆경사라면 그 펏도 쉽지 않다. 이 펏마저 실패하면 포펏이라는 대형사고다. 작은 실수가 중대한 결과를 초래하고 만 것이다.

이러한 실수에 대하여, 한비자의 명구와 백규(白圭)의 고사는 개미구멍과 긴 둑을 예로 들어 경종을 울려준다. "천 장(丈)의 둑도 개미구멍으로 무너진다(千丈之堤, 以螻蟻之穴潰)."라는 것이다. 전국시대 때, 위(魏)나라 재상인 백규는 홍수방책에 큰 성과를 냈다. 그는 평소에 제방을 쌓아 홍수를 예방하고 치밀하게 살핀 후 보수하였다. 제방에서 미세한 개미구멍조차도 발견 즉시 보수하여 적시에 홍수 재해를 예방했다. 이처럼 치밀한 홍수정책을 시행하여, 위나라에서는 수재가 발생한 적이 없었다(주석 1).

천 장의 둑(千丈之堤)은 매우 긴 제방을 의미한다. 직역하자면 1장(丈)은 10척(尺), 즉 3미터 정도이므로, 천 장은 3천여 미터에 달한다. 이와 같이 크고 긴 제방이라 하더라도 미세한 개미구멍에서 시작하여 붕괴라는 대형사고로 이어진다는 것이다. 즉, 원인이 사소하다고 가볍게 생각하여 소홀히 대처하다가 보수 시기를 놓쳐버린다면, 큰 사고로 확대되어 중대한 손실을 입게 된다는 것이다. 이와 유사한 성어로 인소실대(因小失大)나 탐소실대(貪小失大)를 비롯하여 여럿 있다. 고금(古今)을 불문하고 그만큼 이러한 문제가 자주 발생함을 지적하면서 신중한 예방을 강조한 것이라고 하겠다. 필자도 한비자의 명구가 주는 교훈을 소홀히 하여 급하게 펏을 한 나머지, 파펏이 더블보기로, 흔치 않은 버디펏이 보기로 치달았던 경우가 비일비재하였다.

주말 골퍼의 경우에는 경기규정의 오해나 부지(不知)로 적당히 넘어가는 경우가 많지만, 프로대회에서는 경기규정을 오해하거나 간과할 경우 중대한 결과를 초래하게 된다. 2021년 8월, 박민지 프로는 잠정구(provisional ball) 불선언으로 큰 대가를 치른 적이 있다. 대유위니아 MBN여자오픈 1라운드 6번홀(파5)에서 두 번째 친 볼이 왼쪽 OB구역에 들어간 것으로 생각했다. 잠정구 선언 없이 그 자리에서 볼을 드롭하여 쳤다. 그후, 캐디가 OB경계지점에서 원구를 찾았다. 원구를 쳐서 그린에 올린 다음 두 번째 친 볼을 집어 들었다. 경기위원이 도착한 후, 원구는 분실처리하고 세 번째 친 볼로 다시 쳐서 투펏으로 마무리했다. 두 번째 샷을 한 번 더 쳤으니 1벌타, 잠정구 선언 없이 쳤으니 2벌타, 세컨샷 지점에서 두 번째 친 볼을 고의로 집었으니 1벌타를 받아, 한 홀에서 무려 4벌타를 받았다(주석 2). '잠정구 불선언'이라는 사소한 실수가 큰 결과를 초래했다고 할 수 있다.

　　프로젝트나 입찰 등의 과업을 수행하는 과정에서도 작은 실수가 중대한 결과를 초래할 수 있다. 고도의 완벽성이 요구되는 경쟁상황에서는 회복할 수 없는 타격을 피하기 어렵다. 치밀한 준비와 신중한 확인 및 적시의 보완이 이러한 결과의 발생을 예방할 수 있을 뿐만 아니라 당초의 목적을 달성하는 길이기도 하다. 재삼 한비자의 가르침을 깊이 되새겨 볼 일이다.

문헌

• 한비(韓非): B.C.280?~233, 전국시대 진나라 정치가, 사상가
• 한비자(韓非子): 한비 등이 집대성한 법가 사상서

주석

1) 百度百科, 千丈之堤, 潰于蟻穴, https://zhidao.baidu.com/question/8112
   25155303084692.html
2) 김종석(2021.8.14.), "명백한 내 잘못" 잠정구에 발목 잡혀 컷 탈락한 대세
   박민지, 동아일보, https://www.donga.com/news/Sports/article/all/2021
   0814/108552451/1

한자

• 千丈之堤, 以螞蟻之穴潰 － 韓非子
  [천장지제, 이마의지혈궤 － 한비자]
• **천 장의 둑도 개미구멍에 무너진다.**
• 丈: 길이 장, 堤: 둑 제, 螞: 개미 마, 蟻: 개미 의, 穴: 구멍 혈, 潰: 무너질 궤

03

위기에선 돌아감이
상책이니라

우회로를 택하여 직선로의 목적을 이루며,

어려움을 유리하게 전환하다.

[以迂為直, 以患为利]

손자병법

필자는 2018년부터 2020년까지 종종 경기도 광주시 소재 남촌 CC에서 열리는 월례회에 참석하곤 했다. 서코스 8번홀(파5, 469야드)에 이르면, 마음이 설레면서도 고민에 빠진다. 이 홀의 거리는 짧은 편이어서 티샷이 210~220미터 정도 나오면 투 온에 도전해 볼 만하기 때문이다. 그러나, 그린이 호수에 둘러싸여 있어 두 번째 샷이 약 180미터의 비거리가 나와야 되고, 방향이 정확해야 한다. 그렇지 않으면 가차없이 호수에 빠지고 만다. 쉬워 보이지만 상당한 난도가 있다. 그럼에도 드라이버가 그런대로 나가게 되면 투 온에 대한 욕심이 넘친다. "그래, 지난번엔 두 번째 친 볼이 호수에 들어갔지만, 이번엔 꼭 올려보자!"라고 생각하며 호기롭게 우드를 잡는다. 설레임과 긴장감이 리듬과 템포를 흔든다. 두 번째 샷이 왼쪽으로 감기거나 두껍게 쳐서 물에 빠지는 경우가 대부분이다. 네 번째 샷을 위해 걸어가면서 한숨과 후회를 금치 못한다.

손자(孫子)는 필자와 같은 골퍼에게 이런 상황에서는 우직지계(迂直之計)를 써야 한다고 훈수한다. 이에 관한 조조(曹操)의 고사도 그 가르침을 일깨워준다.

조조는 원상(袁尙) 세력을 복속시키기 위해 먼저 군대를 이끌고 북진하여 오환족(烏桓族)을 치기로 하였다. 조조의 군대는 무종(無終, 천진 소재)에 당도하였으나, 도로가 진흙탕이어서 더 이상 전진할 수 없었다. 조조의 부하인 전주(田疇)가 서북방향의 노룡주둔지(盧龍, 하북성 소재)를 거쳐 우회하자는 묘안을 내놓았다. 조조는 그에게 우회로를 택하여 진군하도록 명했다. 전주는 경장부대를 통솔하여 노룡주둔지에서 백단(白檀, 하북성 소재), 평강(平崗, 요녕성 소재) 등의 험준한 길로 우회하여 거류성(距柳城, 요녕성 소재)까지 200여 리를 진군하였다. 조조의 군대는 원상 세력과 오환족의 수령인 답둔(蹋頓) 및 그 수하의 병졸들을 공격하였다. 원상과 답둔 일당은 참수되었고, 지리멸렬하게 흩어진 병졸들은 투항하였다. 조조의 군대는 험준한 길로 우회하는 전술로 적의 심장을 공격하여 대승을 거두었다(주석 1). 현지상황과 전세를 치밀히 분석한 후 우회전술을 활용하여 성과를 도출한 것이다.

우직지계(迂直之計)는 손자병법 중 대표적인 계책이다. 이미 정해진 길이나 빨리 갈 수 있는 길 대신에 적군이 예상하지 않는 우회로로 진군하여 공격한다면 승리할 수 있다는 것이다. 즉, 위험성이 높은 정면공격 대신에 승리 가능성이 높은 우회공격을 중시한다. 우직지계가 최선의 계책으로 활용되기 위해서는 사전에 충분하면서도 치밀하게 지형이나 상황을 분석해야 한다. 아울러, 그 성과에 대해서도 냉정하게 판단해야 한다. 전국책(戰國策)에서 강조한 것처럼 "가능한 지를 살핀 후 진행해야 한다(見可而進)."는 것이다. 그렇지 않으면 막대한 시간과 비용만 소모되는 결과를 초래할 수 있다.

골프에서도 우직지계를 활용해야 되는 상황이 자주 생긴다. 티샷으로 상당한 거리의 계곡이나 해저드를 넘겨야 할 때나, 우드나 아이언샷의 낙하지점이 부담스러운 거리에 있을 때다. 그린 앞에 턱이 높은 벙커가 있을 때도 그렇다. 지형이나 상황을 잘 분석하는 것 외에, 자신의 비거리도 잘 고려해야 한다. 정확하게 우직지계의 수치를 산출할 수 없지만, 위험성을 최소화할 수 있는 방안을 도모해야 한다. 이러한 방안이 스윙의 기본을 유지하거나 정신적 압박을 극복하는 데도 도움이 될 수 있다. 나아가, 적시에 여러 변수를 충분히 고려하여 판단을 내리는 것이 무엇보다 중요하다. 필자처럼 호기로 실수를 범한 뒤에 후회해도 부질없다.

손자의 우직지계는 이해관계가 대립되는 협상이나 위험이 잠재되어 있는 경기에서도 활용해 볼 수 있다. 위험성이 낮은 우회로를 선택하는 것이 실리를 확보하는 데 도움을 주는 경우가 많으니 적시에 모색해 볼 만하다. 패스트 트랙이 능사(能事)인 요즈음, 손자의 우직지계가 강조되기에 충분하다.

문헌

- 손자(孫子): B.C.545~470, 손무(孫武), 춘추시대 전략가
- 손자병법(孫子兵法): 손무가 저술한 병법서로 13편으로 구성됨.

주석

1) 故事會(2020.8.3.), 成語故事之旅/兵貴神速, 網易, https://www.163.com/dy/article/FJ3PS9VJ052187A0.html

한자

- 以迂爲直, 以患爲利 — 孫子兵法, 軍爭
  [이우위직, 이환위리 — 손자병법, 군쟁]
- **우회로를 택하여 직선로의 목적을 이루며, 어려움을 유리하게 전환하다.**
- 迂: 우회할 우, 直: 곧을 직

04

화는 단번에 끝나지 않고
복은 연달아 오지 않는다

화는 단번에 끝나지 않고, 복은 연달아 오지 않는다.

[禍不單行, 福不雙至]

설원

주말 골퍼는 실수가 단번으로 끝나지 않는 경우가 많다. 파를 할 수 있는 때에도, OB가 나면 트리플보기를 하기가 십상이다. 초봄 페어웨이 상태가 좋지 않은 데서 아이언샷을 할 때, 또는 벙커샷이나 어프로치샷을 할 때 종종 발생한다.

특히, 첫 번째 실수를 만회하는 데 급급한 나머지 기본에 충실하지 않다가 두 번째 실수가 연달아 나온다. 필자는 근 2년간 3~4월경이면 어프로치샷에서 탑볼이나 뒷땅 실수가 종종 발생하여 연신 한숨을 내쉬곤 했다. 동반자들의 시선엔 "어쩌다 저렇게 됐지!"라는 놀라움이 묻어 있는 듯했다. 직전의 실수 자책과 직후의 만회 욕심이 부딪치는 찰나에 공을 끝까지 보지 않고 어프로치샷을 하다가 또다시 탑볼이나 뒷땅을 치고만 것이다. 한 해에 몇 번은 싱글을 치는 골퍼로서 연달은 실수 후의 황망함을 잊을 수 없다.

서한시대의 학자 유향(劉向)이 쓴 설원(說苑)에서는 "화는 단번에 끝나지 않는다(禍不單行)."라고 충고한다. 한소후(韓昭候)의 고사도 우리에게 위 경구의 의미를 일깨워준다.

전국시대 때, 한(韓)나라 왕 소후(昭候)는 재위 25년에 큰 가뭄이 들어 백성들이 대기근에 빠졌다. 그러나, 소후가 웅장한 성문을 짓자, 초(楚)나라 대부는 이 얘기를 듣고 소후가 그 문으로 나올 수 없을 것이라고 했다. 그는 "한나라가 전년에는 진나라의 공격으로 의양을 빼앗겼고, 금년에는 큰 가뭄이 들었다. 이럴 때에는 백성에게 구휼정책을 펴야 하는데, 사치를 일삼아 웅장한 성문을 짓다니 이해할 수 없다. 복은 연달아 오지 않고, 화는 계속해서 올 것이다."라고 혀를 찼다. 아니나 다를까 그 성문이 완공되었을 때, 소후는 세상을 떠나 그 성문으로 나오지 못하게 됐다(주석 1). 영토상실과 대기근이라는 화부단행(禍不單行)의 벌을 받았다고 할 수 있다.

화부단행(禍不單行)은 사람이 살아가면서 직간접적으로 겪는 경우가 종종 있다. 화는 재앙, 재해, 불운, 불행, 실수의 결과 등으로 다양하게 표현될 수 있다. 자연적으로 발생하는 재해도 있지만, 정책이나 사업 등과 같은 인위적 영역에서 발생하는 경우도 적지 않다. 이러한 영역에서 불행이나 불운이 한 번 생기면 다시 생길 가능성이 있으니 망각하지 말고 치밀하게 대비하라는 가르침이다. 호사다마(好事多魔)라는 성어도 좋은 일이 생긴 후에 화부단행으로 이어질 수 있다는 가르침을 전한다.

프로골프에서도 화부단행(禍不單行)의 경우는 드물게 보인다. 2011년 4월, PGA 프로골퍼인 로리 메킬로이는 마스터스대회 최종일에 80타라는 좋지 않은 기록을 냈는데, 그로부터 얼마 되지 않아 유럽프로골프투어 메이뱅크말레이시아오픈에 출전하러 가던 중 비행기 연결편에서 골프클럽을 분실했다. 그는 망연자실하며 "나에게 이런 불운이 겹쳐 오다니!"라고 탄식했다(주석 2). 이를 보면, 화부단행은 서양이라 하여 예외가 아니고, 고금(古今)이라 하여 달리 하지 않는다.

첫머리의 복불쌍지(福不雙至)와는 반대로, 행운이 겹쳐서 온 복부단행(福不單行)의 경험담을 듣고 놀란 일이 있다. 지인이 골프에 입문한 지 몇 개월 되지 않은 때 100미터 정도의 파3에서 5번 아이언으로 홀인원을 했다는 것이다. 티샷 볼이 빗맞아 그린 주변의 벽면에 튕겨서 그린에 들어오더니 한참을 굴러 홀에 들어갔다고 한다. 이는 복부단행의 사례로 다루기보다는 고난도 홀인원 영역에서 얘기할 만한 화제거리다.

화부단행(禍不單行)은 자연재해, 산업재해, 교통사고, 사업관계 등 여러 영역에서 발생할 수 있다. 화부단행을 아슬아슬하게 피할 경우 안도의 한숨을 내쉬며 가슴을 쓸어내리기도 한다. 불운이나 재난 뒤에 또 다른 불운이나 재난이 다가올 수 있다는 것을 상기하면서 주의를 게을리해서는 안 되겠다.

문헌

- 유향(劉向): B.C.77~B.C.6, 서한 말기의 학자, 관료
- 설원(說苑): 유향이 군주들과 신하들의 이야기를 모은 책

주석

1) 浩宇(2020.3.22.), "福無雙至,禍不單行", 史上有名的明鑒, 知乎, https://zh uanlan.zhihu.com/p/115280631
2) 방민준(2011.4.14.), 마스터스 놓친 매킬로이 클럽 분실, 뉴데일리, https://www.newdaily.co.kr/site/data/html/2011/04/14/2011041400067. html

한자

- 禍不單行, 福不雙至 – 劉向, 說苑
  [화부단행, 복불쌍지 – 유향, 설원]
- **화는 단번에 끝나지 않고, 복은 연달아 오지 않는다.**
- 禍: 재앙 화, 單: 홀로 단, 雙: 둘 쌍, 至: 이를 지

05

질풍을 견뎌내는
억센 풀이 되어라

거센 바람이 불 때 억센 풀을 알아볼 수 있다.

[疾風知勁草]

동관한기(한)

필자의 지인들 중 3, 4인은 일관되게 70대 초중반을 친다. 코스가 어려워도, 날씨가 좋지 않아도, 동반자가 바뀌어도, 스코어에 변함이 없다. 그렇다고 힘 들여 세게 치거나 호기를 부리는 일도 보이지 않는다. 라운드 후 현재의 골프수준에 이르게 된 과정과 비결을 물었다. 골프의 기본을 다지라는 고수들의 충고와 대부분 일치하였으나, 특이한 점이 있었다. 어려운 코스나 상황을 워낙 많이 겪어서, 어지간한 정도는 별다른 부담을 느끼지 않는다는 것이었다. 처음에는 안정감이 떨어졌으나, 어느 정도의 기간이 지난 뒤에는 일관성을 유지하게 되었다고 한다. 안정된 동작과 강인한 맨털에 다양한 필드 경험이 조화를 이룬 것이었다.

동한(東漢)의 부흥에 공을 세운 왕패(王霸)의 고사는 군신관계에 기초한 것이기는 하나 위기관리능력이 출중한 골퍼에 대해서도 시사하는 바가 있다.

중국 신(新)나라 말기에 왕망(王莽)의 가혹한 과세, 엄격한 법령, 과중한 요역으로 사회가 매우 혼란스러웠다. 서기 17년 전국에서 민란이 일어났을 때, 서한(西漢)의 황족인 유수(劉秀)가 민란에 참여하면서 한왕조의 부흥을 꾀하였다. 왕패와 그 부하들은 유수를 추종하여 그가 거느리는 민란군에 참여했으며, 여러 전투에서 큰 전과를 올렸다. 그러던 중, 왕패의 부친이 노환으로 위중하게 되자, 그는 유수의 민란군에서 나와 부친을 돌봤다. 그후, 유수가 왕패의 고향을 지날 때 그의 집에 들른 일이 있었다.

왕패는 매우 감동하여 부친의 허락을 받고 다시 유수의 민란군에 합류했다. 그후, 유수를 추종하던 수십 명의 민란군들이 이탈하였으나, 왕패는 변함 없이 충성을 다해 유수와 함께 했다. 유수는 왕패의 충성스런 모습을 보고 감격하며 "거센 바람이 불 때 억센 풀을 알 수 있다(疾風知勁草)는 말이 있는데, 바로 지금의 상황을 이르는 것이다."라고 말했다. 유수는 하북(河北)에서 적극적으로 세력을 확대하며 최대 세력으로 부상하였다. 서기 25년, 유수는 민란군의 힘을 바탕으로 신나라를 멸망시킨 후 동한(東漢) 광무제(光武帝)로 즉위하였다(주석 1). 유수는 거센 바람과 같은 위기상황을 통해서 억센 풀과 같은 왕패의 충성심을 간파할 수 있었다.

위 고사가 골퍼에게 주는 가르침은 유수가 왕패에게 한 말에서 나온다. 즉, 거센 바람이 불 때에 억센 풀을 알 수 있다는 것이다. 유수가 왕조부흥과정에서 겪은 위기상황과 그 과정에서 왕패가 보여준 충성심 사이의 관계, 그리고 어려운 라운드상황과 이를 극복할 수 있는 골퍼 간의 관계는 서로 일치하지는 않지만, 거센 바람((疾風)과 억센 풀(勁草)이라는 은유는 두 관계가 서로 통하도록 이어준다. 억센 풀이 거센 바람을 만났을 때 그 진가를 발휘하듯이, 골퍼가 대부분의 위기를 극복할 수 있는 경지에 이르렀다면 아마추어 골퍼임에도 프로 수준에 근접했다고 할 수 있다.

사회생활을 하면서 거센 바람을 자주 경험한다. 거센 바람을 견뎌내는 억센 풀들을 보기도 한다. 모진 시련을 통하여 강인하게 되었고, 어떠한 위기도 당당하고 지혜롭게 돌파한 사람들이다. 질풍(疾風) 속에서 억센 풀(勁草)의 진가를 보여주는 마스터들이다.

문헌
- 반고(班固): 32~92, 동한의 역사가
- 동관한기(東觀漢記): 반고 등이 동한의 역사를 편찬한 사서(史書)

주석
1) 淸林劍客聊古代名將系列(2020.12.13.), 疾風知勁草, 東漢開國大將王霸 霸氣人生, 百度, https://baijiahao.baidu.com/s?id=1685975193144646 409&wfr=spider&for=pc

한자
- 疾風知勁草 − 班固, 東觀漢記
  [질풍지경초 − 반고, 동관한기]
- **거센 바람이 불 때 억센 풀을 알아볼 수 있다.**
- 疾: 빠를 질, 勁: 단단할 경

제 3 장

그 사람의 골프는
그 사람의 세계다

그 사람의 골프는 그 사람의 세계다.

즐거움과 강인함 속에서

고상한 품격을 지향하라.

족함과 그침을 깨우쳐라.

선행을 하면 불운을 피할 수 있다.

오늘의 매너는 내일의 얼굴이다.

논어, 맹자와 장자가 큰 가르침을 전한다.

공자는 즐기는 골프를
제일로 삼니라

아는 자는 좋아하는 자만 못하고,

좋아하는 자는 즐기는 자만 못하느니라.

[知之者不如好之者, 好之者不如樂之者]

논어

라운드를 하다 보면, 골퍼의 부족한 모습들이 가지각색이다. 어떤 골퍼는 기본적인 규정을 모르거나 매너가 미흡하다. 티업시각 직전에 도착하여 부랴부랴 티샷을 한다. 실수가 생길 때 불편한 언동을 보인다. 과도한 내기로 오가는 계산 때문인지, 긴장된 표정과 어색한 침묵이 초록필드를 지배한다. 초봄의 진달래와 만추의 단풍에 눈 한 번 줄 여유가 없다. 동반자에 대한 배려 없이 자신의 페이스에만 치중하기도 한다.

공자가 골프를 하였다면, 아마도 이런 골퍼들에게 호통을 쳤으리라. 아는 자는 좋아하는 자만 못하고, 좋아하는 자는 즐기는 자만 못하다고(知之者不如好之者, 好之者不如樂之者). 즉, 기본을 제대로 안 다음, 좋아하는 단계를 넘어 즐기는 단계에 이르라고 말했을 것이다.

첫 번째는 골프의 기본을 제대로 아는 단계이다.

평생 골프를 공부하고 연마해도 정복할 수 없는 영역이라 하지만 기본을 닦아야 한다. 중요한 골프 규정이나 스윙 원리, 그리고 에티켓이 여기에 해당된다. 필자의 경우 골프에 입문할 때 3개월 정도, 10년쯤 되었을 때 3개월 정도 스윙에 대해 레슨을 받은 것이 고작이다. 골프 규정의 이해는 매체에 나오는 요약 정도에 그친다. 부끄러운 일이다. 골프의 기본이 취약하다고 하여 골프를 좋아하고 즐기는 단계로 갈 수 없는 것은 아니지만, 견고하게 이해되어야 골프를 좋아하고 즐기는 단계로 도약하기 수월하다.

그 다음은 골프를 좋아하고 즐기는 단계이다.

구력이 20년쯤 되는 필자로서는 좋아하는 단계와 즐기는 단계를 나누어 볼 수 있을 것 같다. 먼저, '골프를 좋아하는 단계'이다. 필자는 2021년 9월 말경 지인들과 충북 진천에 있는 천룡CC에 다녀온 적이 있다. 티업시각이 오전 6시 44분이었다. 골프장에 늦어도 6시경 도착해야 해서, 동반자와 서울의 한 지점에서 오전 4시 30분에 만나기로 했다. 준비와 이동시간을 고려해서 3시 반경 일어났다. 이른 새벽이다 보니 전날 숙면하기 어려웠다. 이와 같이 티업시각이 이르다는 이유로 라운드 제의를 사양하지 않는다면, 골프 수준과 관계 없이 '골프를 좋아하는 단계'에 들어섰다고 해도 무방하다. 골프를 치지 않는 사람들이 어떻게 이 상황을 이해할 수 있으랴!

'골프를 즐기는 단계'는 어느 정도에 이르러야 할까?

건강, 수준, 여유, 관계라는 네 가지 요소가 조화를 이루는 게 좋다고 생각한다. 첫 번째는 건강이다. 육체적으로나 정신적으로 건강해야 즐겁게 라운드할 수 있다. 이를 토대로 자신의 수준을 높일 수 있을 뿐만 아니라 동반자와 더불어 여유를 누릴 수 있다. 두 번째는 수준이다. 골프 수준이 상당한 레벨에 이르면 즐거움에 더 가까이 갈 수 있다. 백 대 스코어 때보다는 90대 스코어 때, 90대 스코어 때보다는 80대 스코어 때에 더 큰 즐거움을 누릴 수 있다. 세 번째는 여유이다. 경제적 여유 외에도 자연의 아름다움을 향유함으로써 힐링의 기회로 삼을 수 있는 정신적 여유가 필요하다. 네 번째는 관계이다. 라운드 중이나 후에 동반자를 배려하면서도 더불어 즐겁게 대화하고 웃으며 그간의 스트레스를 풀 수 있는 관계도 중요하다.

골프를 좋아하는 단계를 넘어 즐기는 경지에 이르듯이, 본업이나 취미에서도 좋아하는 단계를 넘어서 즐기는 경지에 이른다면 어느 누구보다도 행복한 삶의 소유자이다. 이를 위해서는 건강, 수준, 여유, 관계의 조화가 필요하겠다. 논어(論語)가 선사하는 지혜를 깊이 새기자.

문헌

- 공자(孔子): B.C.551~479, 공구(孔丘), 춘추시대 노나라 사상가, 유가 시조
- 논어(論語): 공자와 제자들 간의 대화록, 사서(四書)의 하나

한자

- 知之者不如好之者, 好之者不如樂之者 — 孔子, 論語, 雍也
  [지지자불여호지자, 호지지불여낙지자 — 공자, 논어, 옹야]
- **아는 자는 좋아하는 자만 못하고, 좋아하는 자는 즐기는 자만 못하느니라.**
- 樂: 즐거울 낙, 之: 그것 지(지시대명사), 不如~: ~만 못하다

02

의지를
강인하게 하라

하늘이 그 사람에게 큰 일을 맡길 때에는,

의지와 성격을 강인하게 한 후 그 동안

할 수 없었던 일을 더 많이 할 수 있게 하느니라.

[天將降大任于斯人也, … 動心忍性, 曾益其所不能]

맹자

맑은 날씨, 아름다운 코스도 잠깐, 티샷을 위하여 칠 곳을 쳐다보면 제대로 칠 수 있을 지 심난하다. 몇 홀을 돌지 않았는데 관절과 근육이 뻐근하고 허기진다. 잦은 실수에 골프가 나에게 맞는지 반문하기도 한다. 생크라도 나는 때면 어찌할 바를 모르며 당황해 한다. 라운드 중에 정신적으로나 육체적으로 힘든 상황이 빈번하게 생기면서 자신을 되돌아보게 된다.

맹자는 이런 골퍼들에게 "하늘이 그 사람에게 큰 일을 맡길 때에는 의지와 성격을 강인하게 한 후(動心忍性), 그 동안 할 수 없었던 일을 더 많이 해낼 수 있게 한다."고 훈계한다. 여기에서 "동심인성(動心忍性)"의 의미는 바로 앞에 생략된 구절인 내적, 외적 연마와 수행 과정을 거쳐 강인하게 된 의지와 성격이 외부의 영향을 받지 않고 그대로 견지된다는 것으로 해석할 수 있다.

맹자의 이 훈계를 골프에 적용해 보자. 하늘이 주말 골퍼에게 맡기고자 하는 큰 일(大任)은 무엇을 의미할까? 즐기는 단계에 이르는 것이라 할 수 있다. 골프에서 동심인성(動心忍性)은 골프에 대한 의지와 성격이 강인하게 형성되어 페어웨이 상태, 동반자 등의 외부 영향이나 방해를 받지 않고 견지하는 것이라고 할 수 있다. 여기에서 '골프에 대한 의지와 성격'을 '골프 의지'로 불러도 무방할 듯하다. 맹자는 위 문장을 통해 주말 골퍼에게 구체적인 방향을 제시한 것으로 볼 수 있다. 즉, 맨털이 흔들리거나 동작이 제대로 되지 않을 경우, 골프 의지를 강인하게 형성, 견지하도록 한 다음, 적시의 교습과 부단한 연마를 통해 골프를 즐기는 수준에 도달하라는 것이다.

프로 골퍼 중에서도 상위권을 차지하다가 골프 의지가 강인하지 못하여 어려움에 처한 경우들이 있다.

대표적인 예로 한때 세계랭킹 1위였던 청야니(대만)를 들 수 있다. 2008년 데뷔와 함께 메이저대회 1승에 신인상을 받은 후 2010년엔 메이저대회 3승을 수확해 새로운 골프 여제의 급부상을 예고했다. 이어, 2011년엔 엄청난 장타(평균 269야드)에 7승을 거두며 올해의 선수상, 최저타수상, 상금왕까지 독차지했다. 그러나 2013년부터는 우승 없이 어쩌다 10위 안에 드는가 하면, 컷 탈락도 자주 생기곤 했다(주석 1). 최근에는 LPGA대회에서 낯선 이름이 되었다.

반면에, 강인한 골프 의지를 회복하여 큰 성과를 일구어낸 경우들도 있다. 대표적인 예로 김인경을 들 수 있다. 2012년 메어저대회인 나비스코챔피언십 4라운드 마지막 홀에서 30cm 정도의 펏을 놓쳤다. 그후, 수년 간의 시련 끝에 2017년 브리티시오픈에서 5년 전 고통을 이겨내고 첫 메이저대회 우승을 거두기까지 하였다. 2012년 그 펏으로 우승을 놓친 이후, 인도에서 명상과 요가로 마음을 다스리며 자책하는 대신 자신에게 친절하고 따뜻하게 대했다고 한다(주석 2). 이는 맹자의 가르침을 수 없이 되새기면서 절치부심의 수행시간을 가진 것과 일맥상통하리라.

사업, 연구, 작품활동 등의 여러 영역이나 관계에서도 정신적, 육체적 고통을 겪는 경우가 적지 않다. 이럴 때에는 맹자가 훈계했듯이, 하늘이 그 사람으로 하여금 큰 성과를 내도록 하기 위하여 시련의 시간을 거치게 하는 것임을 깊이 깨닫자. 하여, 의지와 성격을 강인하게 한다면, 이러한 고통을 이겨내는 데 큰 힘이 될 것으로 생각된다. 그래서인지 중국 사람들에게 자주 회자되는 고전 명구이기도 하다.

문헌

- 맹자(孟子): B.C.372~289, 맹가(孟軻), 전국시대 추나라 사상가, 유가 학파
- 맹자(孟子): 맹자가 제후들에 대한 유세와 제자들과의 대화를 기술한 책

주석

1) 최웅선(2015.6.26.), 전 세계랭킹 1위 청야니, 부진의 이유는 무엇, 와이드스
   포츠, http://www.widesports.co.kr/news/articleView.html?idxno=13764
2) 고미혜(2017.8.7.), 김인경 30cm 악몽 후 "자책했으나 이겨내려 노력했다",
   연합뉴스, https://www.yna.co.kr/view/AKR20170806053052007

한자

- 天將降大任于斯人也, ... 動心忍性, 曾益其所不能 - 孟子, 告子下
  [천장강대임우사인야, ... 동심인성, 증익기소불능 - 맹자, 고자하]
- 하늘이 그 사람에게 큰 일을 맡길 때에는 의지와 성격을 강인하게 한 후 그 동안
  할 수 없었던 일을 더 많이 할 수 있게 하느니라.
- 將: 장차 장, 降: 내릴 강, 任: 맡길 임, 于: 어조사 우(~에), 斯: 이 사, 忍: 강인
  할 인, 曾: 늘릴 증(增과 같은 의미), 益: 얻을 익, 能: 능할 능

03

고상한
품격골퍼가 되어라

맑으면서도 고상한 품격

[淸風高節]

모융(당)

골프의 동반자는 대부분 지인이다. 동창, 고객, 친구, 모임멤버 등으로 이루어진다. 가끔 지인과 함께 온 초면도 있다. 동반자는 라운드 동안은 물론, 그 전후도 함께 하는 공동체라 할 수 있다. 특히, 라운드 동안에는 대자연의 코스를 누비면서 동고동락하는 특수관계자이기도 하다. 혼자 하면서도 함께 하는 다면적 운동이다 보니, 골프는 다른 종목보다도 훨씬 엄격한 잣대를 요구한다.

그중, 가장 중요한 잣대는 고상(高尙)한 품격(品格)이리라. 이와 관련하여, 동한시대의 관료이자 문인인 모융(牟融)도 사람에게 청풍고절(淸風高節), 즉 맑으면서도 고상한 품격을 갖추라고 권한 바 있다.

필자의 동반자 중에는 고상의 품격의 소유자가 적지 않다. 하지만, 그렇지 않은 경우도 있다. 라운드 중에 동반자가 경사지에서 볼을 찾느라 애쓰고 있는데, 어떤 이는 이를 도외시한 채 자신의 라운드에만 신경 쓴다. 어떤 이는 자신의 실수에 대하여 과도하게 자책한다. 어떤 이는 동반자나 캐디에게 하는 말이 거칠어 분위기를 어색하게 만든다. 또한, 동반자가 샷이나 퍼팅을 준비하는데 말하거나 잡음을 내서 부정적 영향을 주는 경우도 있다.

고상한 품격을 가진 골퍼가 되기 위해서는 어떤 요소를 갖추어야 할까? 절제력과 배려심이라고 생각한다. 절제력은 자신에 대한 것이고, 배려심은 동반자에 대한 것이다. 이 두 요소는 자신과 동반자에 대한 매너에 바탕을 두고 있다고 할 수 있다. 지식의 다소나 학력의 고저, 사회적 지위나 경제적 능력과 비례하지 않는다.

20여 년의 골프 여정에서 후반 10년 동안 매년 3, 4회 남짓 라운드를 해온 IT기업인이 있다. 언제 보아도 고상한 품격을 지녔다고 평가할 만하다. 필자보다 한 수 위임에도 늘 겸허함을 잃지 않는다. 어쩌다 미스샷이나 쓰리펏을 하더라도, 평정심을 잃는 모습을 보기 어렵다. 동반자들의 굿샷에 진심으로 공감하며, 동반자의 볼을 찾는 데도 솔선수범한다. 동반자나 캐디에게 구사하는 언어가 점잖으면서도 시의적절하다. 간간이 건네는 유머도 분위기를 북돋아준다. 그래서 위 기업인과 라운드 하는 날이면 어느 때보다도 더 즐겁다. 라운드 후 함께 하는 식사시간도 흥겨워서 그 동안 쌓인 스트레스를 많이 풀 수 있다.

프로세계에서도 고상한 품격을 가진 경우와 그렇지 않은 경우가 있다. 전자는 필 미켈슨을 들 수 있고, 후자는 아놀드 파머를 들 수 있다.

미켈슨이 2021년 PGA챔피언십에서 50대 이상의 나이 중 최초로 메이저대회 우승이라는 금자탑을 쌓은 것도 대단한 일이었다. 하지만, 나이 차가 많이 나는 장타자들과의 긴장된 라운드 중에, 장애가 있는 갤러리에게 땅에 떨어진 물건을 집어 준 것은 고상한 품격의 발로라 하지 않을 수 없다(주석 1).

반면에, 아놀드 파머의 예는 고상한 품격과 다소 거리가 있어 보인다. 1962년 US오픈에서, 프로데뷔 1년차로서 무명인 22세의 잭 니클라우스와 당시 최고의 프로로서 메이저대회 5승을 포함해 33승을 한 아놀드 파머가 연장전에서 만났다. 경기 시작 전에, 아놀드가 수많은 팬들에게 둘러싸인 상태에서 신출내기 잭에게 다가갔다. 그는 잭에게 "피하고 싶은 사람이 여기 와 있네."라고 부담주는 말을 건넸다. 잭은 "그렇게 높이 평가해 주어 고맙습니다."라며 정중하게 되받았다. 잭은 연장전에서 3타 차로 아놀드를 이기고 프로대회 첫 우승이자 메이저대회 우승이라는 개가를 올렸다(주석 2). 그때 아놀드가 인생의 선배이자 당대의 최고 선수로서 잭에게 멋진 경기를 하자고 했더라면 실력과 품격을 겸비했다고 평가받지 않았을까 생각해 본다.

사업이나 교류 등 여러 관계에서도 고상한 품격의 소유자는 눈에 띈다. 자신에 대한 절제력과 상대방에 대한 배려심이 자연스럽게 조화를 이룬다. 사회생활의 필요조건이니 명심하여 실행에 옮기자.

작자

- 모융(牟融): ?~A.D.79, 동한 관료, 문인
- 제조지(題趙支): 자연목가시(自然牧歌詩)

주석

1) 정현석(2021.5.24.), 골프역사 새로 쓴 오십대 노장의 열정, 사라져 가는 것들에게 던진 울림의 메시지, 조선일보, https://www.chosun.com/sports/sports_photo/2021/05/24/2W6K5N66M7SSGHVCF7DCA6LFG4/
2) 이인세(2016.12.19.), 1962년 US오픈 첫 대결… '무명' 니클라우스, '무적' 파머 꺾어, 문화일보, http://www.munhwa.com/news/view.html?no＝2016121901032839000003

한자

- 淸風高節 ─ 牟融, 題趙支
  [청풍고절 ─ 모융, 제조지]
- **맑으면서도 고상한 품격**
- 淸: 맑을 청, 節: 절개 절

족함과 그침을
깨우쳐라

만족할 줄 알면 굴욕을 면할 수 있고,

그칠 줄 알면 위기를 피할 수 있으며,

이렇게 해야 오랫동안 편안함과 즐거움을 유지할 수 있느니라.

[知足不辱, 知止不殆, 可以長久]

도덕경

필자는 골프장으로 출발할 때면 설레이는 기분에 발걸음이 가볍다. 티업 한 시간 전쯤 식당에서 모여 식사 후 커피를 마시며 카트로 향한다. 첫 홀에서 쾌청한 날씨, 아름다운 산하, 드넓은 필드를 쳐다보면 가슴이 트인다. 주말 골퍼다 보니, 한두 사람은 첫 티샷이 페어웨이 안팎에, 나머지는 러프에 떨어지는 경우가 많다.

이때부터 기분과 표정이 사뭇 달라지기 시작한다. 한숨과 자책, 비감과 침묵이 교차한다. 한 홀, 한 홀 지나면 지날수록 이러한 기분과 표정은 사람을 달리하며 반복된다. 전반 9홀을 마치고 그늘집으로 향하며 체념하거나 마음을 되잡기도 한다. 그늘집에서 골프, 업무 등의 여러 얘기를 나누다 보면, 전반의 기분이나 표정은 상당히 회복된다.

후반부에 들어 좀 나아진다. 티샷이 좋은 곳에 떨어졌으나 다음 샷이 걱정이다. OB나 해저드 위험이 많음에도 호기롭게 직접 그린을 향한다. 우려가 현실이 되고 만다. 다시 한숨과 자책, 침묵과 체념이 거듭된다. 이렇게 18홀을 마치고 나면 스코어나 내용은 뻔하다. 이러한 과정이 다음 라운드, 다음 달이나 다음 해의 라운드에서도 재현되는 경우가 적지 않다.

노자(老子)는 이런 골퍼에게 따끔한 일침을 가한다.

먼저, '족함'을 알라는 것이다. 여기에서 족함은 무조건적 만족이 아니라 자신의 수준, 상태를 고려해서 만족하라는 의미이다. 족함의 대상은 샷의 수준이나 스코어뿐만 아니라 자연, 교류, 힐링 등에서 찾아야 할 것이다. 하지만, 1시간 남짓 떨어진 곳까지 와서 4~5시간 동안 라운드를 한다면, 골프 외의 것에서만 족함을 찾는 것으로는 부족하다. 틈나는 대로 연습하여 수준을 높인다면 족함의 대상과 깊이가 달라질 것이다.

다음으로, '그침'을 알라는 것이다. 좋은 티샷 후 다음 샷 전에 OB나 해저드가 있을 경우 그칠 줄 알아야 한다는 의미이다. 자신의 수준이나 지면경사, 그린위치나 주변지형 등의 위험요인을 치밀하게 분석해서 미리 그쳐야 한다는 것이다.

세르히오 가르시아(스페인)는 2018년 마스터스대회 1라운드 15번 홀(파5)에서 티샷을 322야드 보내 페어웨이에 안착시켰다. 그린

앞과 뒤에는 워터해저드가 있어서 부담을 주는 상황이었다. 핀까지 206야드 남았는데 6번 아이언으로 친 두 번째 샷이 그린 앞 해저드에 빠졌다. 미스샷을 그치지 않고 그냥 진행하다가 무려 5번이나 해저드에 빠뜨렸다. 결국 그 홀을 13타만에 마치면서 87명 중 85위로 추락하고 말았다(주석 1). 노자가 일갈한 그침의 훈계를 망각한 것이다. 위험 앞에서 그칠 줄 알았다면, 무려 8타나 더 치는 우를 범하지는 않았을 것이다.

'족함'과 '그침'이 어찌 골프에서만 적용되겠는가? 사업도, 관계도, 나아가 우리의 인생도 마찬가지리라. 자신의 분수나 처지를 잘 파악하여 '족함'을 알아야 하겠다. 또한, 주어진 조건이나 위험을 면밀히 분석하여 '그침'을 놓치지 않아야 하겠다. 그리하면 사업도, 관계도, 인생도 즐거움을 오래 유지할 수 있을 것이다. 도덕경(道德經)이 일러주는 지혜이다.

문헌
- 노자(老子): B.C.571~?, 이이(李耳), 춘추시대 초나라 사상가, 도가 시조
- 도덕경(道德經): 노자가 저술한 것으로 알려짐. 도가의 경전. 노자라고도 칭함.

주석

1) 김동훈(2018.4.6.), 연못에 5번이나 풍당… 가르시아 옥튜플보기, 한겨레신문, https://www.hani.co.kr/arti/sports/golf/839421.html

한자
- 知足不辱, 知止不殆, 可以長久 － 道德經 44章
  [지족불욕, 지지불태, 가이장구 － 도덕경 44장]
- **만족할 줄 알면 굴욕을 면할 수 있고, 그칠 줄 알면 위기를 피할 수 있으며, 이렇게 해야 오랫동안 편안함과 즐거움을 유지할 수 있느니라.**
- 知: 알 지, 辱: 욕될 욕, 殆: 위태로울 태, 久: 오랠 구

자신감을 견지하되
맹목적인 모방은 피하라

한단 사람의 걸음걸이를 흉내내다 걷는 것조차 망각하다.

[邯鄲學步]

장자

라운드 중에 평소 잘 맞던 드라이버나 아이언이 맞지 않으면 몹시 당혹스럽다. 하여, 6번의 디오픈 우승에 빛나는 해리 바튼(영국)은 "아침에 자신을 얻었다고 생각하면 저녁에 자신을 잃게 하는 것이 골프다."라고 하지 않았던가!

샷이 뜻대로 되지 않으면, 자신감을 상실한 채 고수라고 생각되는 지인이나 동반자의 동작을 맹목적으로 따라 하기도 한다. 잘못된 부분이 일시 개선되는 듯하더니, 그런대로 맞던 샷마저 탈이 난다. 총체적인 난국에 빠진다. 산 속을 걷다가 어두워지면서 가야 할 길을 잃어버리거나 돌아오는 길마저 찾지 못하는 격이다.

장자 추수(秋水)편의 우화는 이러한 골퍼의 문제점을 지적해 준다.

전국시대 연(燕)나라 때, 한 소년이 수릉(壽陵) 지역에 살고 있었다. 가정 형편은 좋았으나 자신감이 몹시 부족했다. 소년은 "나는 왜 다른 사람처럼 일을 잘 하지 못할까?"라며 종일 한탄했다. 식구들이 실망하지 마라고 위로해도 들으려 하지 않았다. 시간이 지날수록 자신감을 잃자, 심지어는 자기가 걷는 자세마저 다른 사람보다 못하다고 생각하게 되었다. 어느 날 길을 가던 중, 한단(邯鄲, 하북성 소재) 사람들이 걷는 모습이 천하 제일이라고 하는 노인의 말을 들었다. 주위 사람들도 동조하는 분위기였다. 소년은 깊은 고민에 빠져 있다가 한단 사람들은 도대체 어떻게 걷길래 천하 제일이라고 하는지 확인하기 위해 가보기로 했다.

한단의 젊은이들이 걷는 모습이 참 멋있어 보였다. 그래서 젊은이가 걷는 모습을 성심껏 배웠다. 얼마 지나, 한 노인이 반대편에서 걸어오는 모습은 더 멋있게 보였다. 이번에는 열과 성을 다해 그 노인이 걷는 모습을 따라 했다. 조금 더 걸어갔더니, 어린이가 걷는 모습이 가장 멋있어 보였다. 소년은 종일 이 사람, 저 사람이 걷는 모습을 따라 걸었다. 그러다 보니, 한단 사람들이 걷는 모습을 배우지도 못했을 뿐만 아니라 어떻게 걸어야 하는지조차 알 수 없었다. 소년은 한단 사람들이 걷는 방식을 배우지도 못하고 그만 땅 바닥에 엎드려 있다가 기어서 돌아왔다.

장자의 이 우화는 자신감을 견지하되 다른 사람의 모습이나 동작을 맹목적으로 모방하지 말라는 것이다. 이처럼 자신감을 상실한 채 그대로 따라 했다가는 그 사람의 장점을 배우기는커녕 본래의 모습마저 잃어버린다는 것을 일깨워 준다. 이백(李白)은 "수릉 소년이 본래 걷는 것조차 잊어버려, 한단 사람들의 웃음거리가 되었구나(壽陵失本步, 笑煞邯鄲人 / 수릉실본보, 소살한단인)."라는 시구를 통해 장자의 교훈을 재삼 강조하였다.

주말 골퍼와 관련하여, 이 우화는 자신감을 잃은 채 고수의 동작을 맹목적으로 따라해서는 안된다는 점을 훈계하고 있다. 즉, 주말 골퍼가 그동안 유지해 온 골프 스윙에 대하여 자신감을 견지하되, 스윙에 문제가 생길 경우 맹목적 모방에서 탈피하라는 것이다. 나아가, 적시에 전문가의 진단을 받고 제대로 된 교습을 통해 바로잡으라는 충고도 포함되어 있다고 할 수 있다. 사라진 스윙의 원리를 머리와 근육의 기억 속에 복원시킬 수 있도록 정기적인 교습을 지속하라는 것이다. 주말 골퍼가 이러한 노력을 통하여 결실을 보는 것이 어디 쉬우랴! 바쁜 업무나 몸 상태 등의 이유로 교습을 미룬다면 1, 2년도 길지 않으며, 심지어는 10년을 넘게 잘못된 상태가 그대로 지속되기도 한다.

장자는 문제가 발생할 경우 자신감을 견지하되 다른 사람의 모습이나 행동을 맹목적으로 모방하지 말고 근본적인 해결방안을 강구하라고 훈계한다. 프로젝트나 연구 등의 영역에서도 깊이 헤아려야 할 가르침이다.

문헌

- 장자(莊子): B.C.369?~286, 장주(莊周), 전국시대 송나라 사상가, 도가의 대표 인물
- 장자(莊子): 도가 계열의 철학서로 여러 사람의 글을 편집한 책. 장자가 내편을, 제자들이 외편과 잡편을 썼다고 함.

한자

- 邯鄲學步 － 莊子, 秋水
  [한단학보 － 장자, 추수]
- **한단 사람의 걸음걸이를 흉내내다 걷는 것조차 망각하다.**
- 邯鄲: 한단(지명, 하북성 소재), 學: 배울 학, 步: 걸을 보

선행을 하면 복은 몰라도
화는 멀어져 있느니라

사람이 선행을 하면, 복이 오지는 않더라도 화는 멀어져 있다.

[人爲善, 福雖未至, 禍已遠離]

춘추

라운드 중에 행운과 불운이라는 말을 종종 하게 된다. 티샷 볼이 산등성이의 나무를 맞고 페어웨이에 들어오면 만면에 웃음을 지며 행운을 연발한다. 반면에, 아이언으로 친 볼이 카트도로를 타고 한참 튀어가다가 OB구역으로 들어가면 낙심한 표정으로 불운을 얘기한다. 그런데, 이러한 행운과 불운은 볼의 감성적 영역이 아니라 지형상태에 따른 확률적 영역이라 할 수 있다. 다만, 행운이 따를 경우에는 "평소 선행한 골퍼나 적선지가(積善之家)는 역시 다르다."고 칭찬하며 골퍼의 기분을 북돋아주는 경우가 많다.

노나라 역사서인 춘추(春秋)에서는 "사람이 선행을 하면 복이 오지는 않더라도, 화는 이미 멀어져 있다."라고 했는데, 이 경구가 골퍼의 행운을 헤아리게 한다. 또한, 남북조시대의 문인과 제왕 관련 일화집인 세설신어(世說新語)에 고영시구(顧榮施炙) 고사가 나오는데, 이 또한 춘추의 경구와 같은 맥락에서 충고한다.

중국 서진(西晉)시대에 고영(顧榮)이라는 유명인사가 있었다. 그는 지인의 초대를 받고 식당에 갔다. 종업원이 고기음식을 식탁에 나르면서 너무도 먹고 싶어 하는 표정을 지었다. 그러자, 고영이 접시에 한두 점을 담아 종업원에게 건네 주었다. 지인들은 "어떻게 종업원에게 고기를 건네 줄 수 있느냐?"라며 비웃는 모양새였다. 고영은 지인들에게 "하루 종일 식당일을 하면서 냄새만 맡았을 텐데, 얼마나 먹고 싶겠소?"라고 설명했다.

몇 년 후, 흉노가 서진을 침략했다. 사람들이 강을 건너서 피난을 가야하는 위급한 상황이 발생했다. 모두 다급하게 강을 건너느라 애쓰고 있었다. 한 젊은이가 고영이 어렵게 강을 건너는 것을 도왔다. 고영이 기이하게 생각되어 그 젊은이에게 자신을 도운 연유를 물었다. 그러자, 그 젊은이는 수 년 전 식당에서 일할 때 고기를 얻어먹었던 종업원이라고 하였다(주석 1). 어떤 사람이 선행을 베풀면 복이 오지는 않더라도 위험이나 불운을 면하게 해준다는 것을 일깨워준다.

필자와 함께 라운드한 기업인도 평소 선행으로 불운을 피하고 행운을 잡은 일이 있다. 2021년 6월경 충북 진천에 있는 에머슨CC에서다. 멤버들의 핸디캡이 80대 초반으로 비슷하여 다른 라운드에 비해 즐거움이 작지 않다. 노 멀리건, 노 터치, 노 컨시드를 원칙으로 한다. 타당 천 원의 스트로크 게임과 6홀 단위로 돌아가는 팀 게임을 병행한다. 개인전과 단체전이 동시에 진행되니, 재미와 긴장이 절묘하게 조화를 이룬다. 막상막하였다. 레이크코스 3번홀은 짧은 내리막의 파5이나, 좌 도그렉으로 훅이 나면 OB다. 한 동반자의 티 샷이 좌측 경계선을 향해서 날아갔다. 그는 한숨을 내쉬며 몹시 아쉬워하였다. 나머지 동반자들은 타구선을 바라보면서 가보자고 달랬다. 팀 멤버는 초조한 표정으로 볼을 찾으러 갔다. 그 동반자는 낙하지점을 향해 갔으나 볼이 보이지 않아, OB티에서 네 번째 샷을 준비할 참이었다.

그때, 볼을 찾았다는 캐디의 낭보가 들렸다. 길을 타고 한참을 굴러서 페어웨이 바로 옆 러프에 있었던 것이다. 그린까지는 80여 미터밖에 되지 않았다. 안도의 한숨과 더불어 팀 동반자의 얼굴엔 화색이 돌았다. 그 동반자의 볼이 도로에서 튀었는데도 살아난 것이다. 세칭 목생도사(木生道死)의 불운을 면하게 된 것이다.

위 고사는 라운드를 하면서 동반자들과 나눈 덕담과도 무관하지 않다. OB가 났을까 노심초사하다가 안도의 한숨을 쉰 동반자는 여러 사업을 경영하면서 어려운 곳에 기부를 지속해 왔다. 또한, 그는 지인들에게도 좋은 일이 생길 땐 즐거운 마음으로 기뻐해 왔고, 힘겨운 일이 있을 땐 아파하는 심정으로 위로해 왔다. 다방면에서 주위 사람들에게 선행을 베풀어 온 것이다. 티샷이 OB를 면하게 된 것은 우연이 아니라 평소의 선행이 축적된 결과였으리라. 선행을 해오는 골퍼라면, 굿샷은 몰라도 OB나 해저드 등의 불운을 피할 수 있다는 점을 방증한다.

태풍이나 폭우가 내릴 때, 또는 차량이나 자전거를 운행할 때, 사고가 나거나 다칠 뻔한 상황에서 가슴을 쓸어 내린다. 크든, 작든 계속 선행을 하면, 자신이나 가족에게 복은 몰라도 불운이나 위험을 멀리할 수 있을 것이다. 춘추(春秋)가 일깨워주는 가르침이다.

문헌
- 공자(孔子): B.C.551~479, 공구(孔丘), 춘추시대 노나라 사상가, 유가 시조
- 춘추(春秋): 공자가 노나라 역사서에 자신의 글을 덧붙여 편찬한 책
- 유의경(劉義慶): 403~444, 남북조시대 송나라 출신 왕족, 저술가
- 세설신어(世說新語): 유의경이 편찬한 문인, 제왕, 승려 등의 일화집

주석
1) 張麗娜(2020.11.5.), 顾荣施炙(河洛典故),洛陽王新聞, http://news.lyd. com.cn/system/2020/11/05/031861900.shtml

한자
- 人為善, 福雖未至, 禍已遠離 - 孔子, 春秋
  [인위선, 복수미지, 화이원리 - 공자, 춘추]
- **사람이 선행을 하면, 복이 오지는 않더라도 화는 멀어져 있다.**
- 為: 할 위, 善: 착할 선, 雖: 비록 수, 禍: 재앙 화, 遠: 멀 원, 離: 떨어질 리

김구 선생은 왜
이양연의 시를 애송했을까

눈을 밟고 들판을 지나거든,

함부로 어지러이 걷지 마라.

[穿雪野中去, 不須胡亂行]

이양연(조선)

　　2020년 11월, 경기도에 있는 어느 골프장에서 고객들과 라운드
를 한 적이 있다. 바로 앞 팀 골퍼들의 모습은 입문한 지 그리 오래
되지 않아 보였다. 웃음소리와 고성이 필드를 가로질러 뒷 팀까지
들려왔다. 뒷 땅을 친 후 그 자리에서 몇 차례나 연습을 했다. 페어
웨이 가운데서 여러 포즈로 사진을 찍는 것도 서슴지 않았다. 그린
에서는 펏의 아쉬움을 떨치지 못하였는지, 두어 차례나 더하여 진행
을 지체하기도 했다. 그들의 뒷모습에 대해서는 개의치 않는 그들만
의 라운드였다.

　　코로나19가 지구촌을 뒤흔들면서 실내 활동이 제한된 데다 해외
투어를 갈 수 없어, 어느 골프장이나 사람들이 넘쳐난다. 그중에는

이처럼 골프 매너의 기본을 익히지 않고 오는 초급자들이 적지 않다. 골프 구력이 오래 되었다고 하여, 골프 매너가 이에 비례하지는 않는 것 같다. 2, 3년 이상의 구력이 되었음에도, 골프 매너가 부족한 골퍼들은 뒷 팀으로부터 더 큰 비난을 면하기 어렵다.

이처럼 골프 매너가 실종되거나 부족한 골퍼들에게 경종을 울리는 한시가 있다. 조선시대 철종 때 성리학자인 이양연의 야설(野雪)이다. 김구 선생이 애송했던 시로도 유명하다.

> 눈을 밟고 들판을 지나거든,
> 함부로 어지러이 걷지 마시오.
> 오늘 내가 밟고 간 발자국,
> 바로 뒷 사람이 갈 길이리니.
>
> 穿雪野中去, (천설야중거)
> 不須胡亂行. (불수호란행)
> 今朝我行跡, (금조아행적)
> 遂爲後人程. (수위후인정)

눈으로 가득한 들판을 뚫고 지나거든 함부로 이리저리 걷지 말라는 것이다. 걸어 온 발자국은 뒷 사람이 밟고 갈 이정표이기 때문이다. 이는 골퍼들이 라운드 중에 늘 새기고 실행에 옮겨야 할 잠언이라 할 수 있다.

앞 팀에서 라운드할 때, 뒷 팀 골퍼들의 입장을 생각하는 것은 기본 매너이다. 앞 팀 골퍼들이 자신의 디봇이나 벙커, 피치 자국을 정리하는 것은 설원에 자신의 발자국을 가지런히 남기는 것과 같다. 이는 골퍼들이 지녀야 할 최소한의 매너일 뿐이지, 고상한 품격을 위해 특별히 수고를 더하는 것이 아니다.

프로 골프에서 늑장플레이로 뒷 팀의 빈축을 산 예가 있다. 2019년 8월 PGA투어 노던트러스트오픈 2라운드 8번홀에서, 브라이슨 디셈보(미국)는 2.4m 거리의 퍼팅을 하는데 2분 이상이나 걸렸다. 큰 대회여서 라운드에 몰입하다가 자신도 모르게 지체되었을 수 있다. 그러나, 이로 인하여 그 팀의 선수들과 뒷 팀 선수들의 흐름에 좋지 않은 영향을 주었을 것이다. 나아가, 그 경기를 관람하는 갤러리와 시청자들까지도 지겨운 시간을 보내야 했을 것이다(주석 1). 자신의 라운드에만 급급한 나머지 자신의 뒷모습을 소홀히 한 것이라 할 수 있다.

공원이나 산책로의 잔디, 의자에서도 앞 사람이 깨끗하게 정리하고 가지 않으면 뒷 사람에게 적지 않은 불편을 주게 된다. 직장 등에서도 전임자가 업무를 깔끔하게 인계하지 않으면 후임자가 애를 먹게 된다. 공공장소에서나 각종 조직을 비롯한 일상 생활 속에서도 이양연의 한시가 주는 가르침은 매우 크다고 하겠다.

작자

- 이양연(李亮淵): 1771~1853, 조선 후기 문인, 호조참판(철종)
- 야설(野雪): 김구 선생의 애송시

주석

1) 최인영(2019.8.11.), PGA 디셈보, 늑장플레이 논란... 동료선수들과 설전, 연합뉴스, https://www.yna.co.kr/view/AKR20190811037800007

한자

- 穿雪野中去, 不須胡亂行. 今朝我行跡, 遂爲後人程.
  [천설야중거, 불수호란행, 금조아행적, 수위후인정]
- **눈을 밟고 들판을 지나거든, 함부로 어지러이 걷지 마시오. 오늘 내가 밟고 간 발자국, 바로 뒷사람이 갈 길이리니.**
- 穿: 뚫을 천, 須: 모름지기 수, 胡: 함부로 호, 亂: 어지러울 란, 跡: 흔적 적, 遂: 곧 수, 程: 여정 정

제 **4** 장

순조로운 첫 샷은
신이 내린 선물이다

순조로운 첫 샷은 신이 내린 선물이다.

도덕경은 유연함으로 대하라 하고,

장자는 부단한 연마로

포정(庖丁)의 경지에 이르라 한다.

시경은 타산지석의 자세를 견지하라 하며,

이백은 고난을 돛으로 삼아

저 푸른 바다를 건너라 한다.

깊이 새겨야 할 충고이다.

01

장타를 치려거든
노자의 유연성을 익히라

유연함을 지키는 것이 강함이니라.

[守柔曰强]

도덕경

라운드를 하러 출발할 때면 유연한 샷을 구사하겠다고 다짐한다. 그러나 첫 홀부터 지켜지지 않은 경우가 적지 않다. 2021년 6월, 경기도 광주에 있는 남촌CC에서 모임 멤버들과 근 1년 만의 라운드를 가진 적이 있다. 투자사를 경영하는 지인은 장타인 데다 아이언 샷도 정교하고 퍼팅도 예리했다.

1년 전 라운드 때, 필자와 그 지인의 스코어가 비슷하여, 이번 라운드에서는 그보다 더 나은 스코어를 내겠다는 욕심이 앞섰다. 그래서인지 첫 홀부터 몸이 경직되어 OB를 냈다. 첫 홀 티샷의 실수가 그날의 라운드 내내 짓눌렀다. 드라이버, 아이언에서도 실수가 반복되어 참담한 스코어를 기록하고 말았다. 스윙의 대원칙인 '유연성'이 실종된 라운드였던 것이다.

노자는 도덕경에서 유연성을 견지함이 강한 것이라고 충고한다 (守柔曰强, 52장). 나아가, 세상에서 가장 유연한 것이 가장 강한 것을 통제하며 이겨낼 수 있다고 일깨워준다(天下之至柔馳騁天下之至堅 / 천하지지유치빙천하지지견, 43장).

특히, 천하에서 가장 유연한 것을 물에 비유하면서 어떤 강한 것 도 물을 이겨낼 수 없다고 강조한다(天下莫柔弱于水 / 천하막유약우수, 78장). 물은 사물 중 가장 부드러운 것으로서 위에서 낮은 데로 흐르 고, 주어진 형태에 맞출 줄 안다. 또한, 물은 견고한 암석을 뚫을 수 있으며, 평원을 흐르면서 침식할 수 있다. 그래서, 노자는 유연성의 대명사인 물이 견고한 암석보다 강하여 이를 이겨낼 수 있다고 역설 한 것이다.

나아가, 이러한 유연성은 사람이나 초목이 살아있는 상태이자 오랫동안 생존할 수 있는 토대라고 한다(人之生也柔弱, 其死也堅强. 草木之生也柔脆, 其死也枯槁 / 인지생야유약, 기사야견강. 초목지생야유취, 기사야고고, 76장).

필자는 그날 라운드에서 욕심이 앞선 나머지 스윙의 기본인 유 연성을 망각했다. 잔뜩 힘을 들여 경직된 상태에서 장타를 탐냈다. 그러다 보니 몸의 유연성뿐만 아니라 맨털의 유연성마저 상실하면 서 골프의 기본이 총체적으로 무너졌던 것이다. 라운드 후 노자의 가르침이 다가왔다. 유연한 스윙이야말로 어떤 강한 스윙보다 멀리 안전하게 보낼 수 있다는 것을 깨달았다. 또한, 골퍼의 살아있는 모 습일 뿐만 아니라 부상 없이 오랫동안 즐거움을 지속할 수 있는 방도임을 헤아리게 됐다.

그러나, 이러한 유연성은 몇 번의 성찰이나 연습만으로 샷에 반영할 수 없다. 어쩌면 이 부분은 도(道)의 경지에 이르라는 메시지일 수 있다. 스윙원리에 대한 이해와 부단한 연습을 통하여 몸과 마음에 유연함을 구현하라는 것이다. 그렇지 않고서는 도달할 수 없는 경지이다. 박인비나 고진영, 김효주나 임희정의 스윙을 보면, 노자가 강조한 유연함의 경지를 엿볼 수 있다.

도덕경의 가르침대로 여러 관계에서도 유연함을 견지할 수 있다면 상대방에게 부드럽고 여유있게 대할 수 있으리라. 상대방에게 나약하거나 무력한 모습을 보이는 것이 아니다. 오히려 강하면서도 진지하다는 인상을 줄 수 있다.

문헌
- 노자(老子): B.C.571~?, 이이(李耳), 춘추시대 초나라 사상가, 도가 시조
- 도덕경(道德經): 노자가 저술한 것으로 알려짐. 도가의 경전. 노자라고도 칭함.

한자
- 守柔曰强 – 老子, 道德經 52章
  [수유왈강 – 노자, 도덕경 52장]
- **유연함을 지키는 것이 강함이니라.**
- 守: 지킬 수, 柔: 부드러울 유, 曰: 가로 왈, 强: 강할 강

02

진정한 숙련으로
포정(庖丁)의 경지에 이르라

포정(庖丁)이 소를 해체하다.

[庖丁解牛]

장자

　골프 스윙에서 최고의 수준은 어느 정도에 이른 것을 말할까? 득도(得道)의 경지로 표현해 볼 수 있겠다. 주말 골퍼라면 누구나 한번쯤은 무결점의 스윙을 생각해 봤을 수 있다. 하지만, 이상적인 기대에 불과하다. 프로 골퍼조차도 라운드 내내 일관성을 유지하기는 어렵기 때문이다. 그럼에도 가능한 범위 내에서 더 나은 동작을 구현함이 현실적이다.

　장자(莊子) 양생주(養生主)편의 포정해우(庖丁解牛)라는 우화는 이런 골퍼에게 스윙에 관한 방법론을 제시한다.

　전국시대 위(魏)나라 때, 포정이 문혜군(文惠君)을 위해 소를 잡은 일이 있었다. 그는 소에 손을 올리고 어깨로 받치며 발로 밟고 무

룹을 대며 칼질을 했다. 그 동작이 탕왕과 요왕 때의 음악에 맞아 떨어졌다. 문혜군이 "훌륭하도다! 어떻게 이 정도에 이를 수 있는가?"라고 물었다.

포정이 칼을 내려놓고 답하였다. "제가 추구하는 것은 도(道)로서 보통 기술을 초월하는 것입니다. 소를 잡을 때, 처음에는 소의 형체만 보였으나, 3년 후에는 소의 형체가 보이지 않았습니다. 요즘, 저는 마음으로 소를 대하지, 눈으로 보지 않습니다. 감각을 쓰지 않으니 정신이 살아났습니다. 소의 신체구조에 맞춰 살과 뼈가 연접된 틈새와 빈 곳에 칼을 넣어 따라갑니다. 그래서 칼질을 하다가 살이나 뼈에 흠이 생긴 적이 없습니다.

평범한 백정은 매달 칼을 바꾸고, 뛰어난 백정은 매년 칼을 바꿉니다. 이는 뼈를 잘못 다루기 때문입니다. 저는 19년 동안 수천 마리의 소를 잡았지만, 칼날이 방금 숫돌에 잘 간 것과 같습니다. 그래도, 뼈와 힘줄이 교착된 곳에 닿을 때면 칼질이 아주 어렵다는 것을 압니다. 눈을 한 곳에 집중하여 천천히 칼질을 해가면 매우 가벼워지며 경쾌한 소리가 납니다. 흙덩이가 땅에 떨어지듯 순식간에 소 잡는 일을 마치게 됩니다. 흡족한 마음으로 칼을 들고 일어서서 정갈하게 닦아 넣어 둡니다."

이 우화는 소의 신체구조, 칼질의 원리와 방법을 이해한 후 부단히 연마한다면, 눈을 감고도 자유자재로 칼질의 방향과 세기와 위치를 운용할 수 있다는 것을 일깨워준다. 칼질의 리듬과 템포, 부드러움과 경쾌함, 한 곳에 대한 초집중과 교착부분에서의 세심한 주의

등은 골프와도 상당 부분 일치한다.

하여, 골퍼가 포정과 같이 스윙 연마를 지속한다면 그 경지에 근접할 수 있을 것이다. 즉, 골퍼가 자유자재로 볼을 칠 수 있을 만큼 부단한 연습과 맨털 훈련 및 정기적인 교습을 병행해야 한다. 그리하여, 자연스러울 정도로 숙련된 경지에 이르게 된다면 실수의 최소화라는 목표를 달성할 수 있을 것이다.

필드 소풍을 즐기는 명랑 골퍼에겐 이 우화의 울림이 크지 않을 수 있다. 하지만, 골프에 대한 열정과 의지를 가지고 있는 골퍼라면 자신을 되돌아보고 성심껏 노력을 지속하는 데 도움이 될 것이다. 포정이 19년간 수천 마리의 소를 잡은 것처럼, 필자도 20여 년간 적잖은 라운드를 하였다. 그러나, 포정해우의 가르침을 통하여 다시금 한 단계 높이는 계기로 삼고자 한다.

장자의 이 우화는 과학, 기술, 문예, 체육 등의 여러 영역에 대하여 많은 가르침을 준다. 어느 분야에서든 성심껏 기초에 대한 학습과 숙련의 과정을 거친다면 일반적인 수준을 초월하는 고도의 경지에 이를 수 있다. 그 분야의 최고 권위자는 포정(庖丁)의 길을 걸었으리라.

문헌

- 장자(莊子): B.C.369?~286, 장주(莊周), 전국시대 송나라 사상가, 도가의 대
표 인물
- 장자(莊子): 도가 계열의 철학서로 여러 사람의 글을 편집한 책. 장자가 내편을,
제자들이 외편과 잡편을 썼다고 함.

한자

- 庖丁解牛 － 莊子, 養生主
[포정해우 － 장자, 양생주]
- **포정(庖丁)이 소를 해체하다.**
- 庖: 요리사 포, 解: 풀 해

03

청산을 물고 있는
대나무의 마음으로 샷하라

청산을 물고도 느슨하지 않거늘,

뿌리는 본디 바위를 뚫고 내리니라.

[咬定青山不放鬆, 立根原在破岩中]

정섭(청)

골프 입문 후 1, 2달이 지났는 데도 7번 아이언으로 정타를 치기 어려웠던 기억이 떠오른다. 어쩌다 제대로 맞은 볼이 나오다가 커피 한 잔 후 다시 치면, 어느새 타구감이 어디론가 사라지고 말았다. 하지만, 이왕 골프를 시작한 이상 기대와 희망을 저버릴 수 없었다. 드넓은 창공과 저 푸른 초록필드가 펼쳐진 코스에서 라운드를 즐기고 싶은 기대와 희망 말이다. 그렇다 하더라도 강인한 의지와 정기적 교습에 기초한 연습이 지속되지 않는다면 한 홀 한 홀이 시련의 연속이리라. 이러한 의지와 자세가 견지되지 않는다면 입문 후는 물론 그 이후에도 시련을 벗어날 수 없을 것이다.

청나라 때 유명 시인인 정섭(鄭燮)이 죽석(竹石)이라는 시를 통하여 골퍼들에게 시련 극복의 가르침을 전한다. 대나무는 청산을 물고도 해이하지 않고 강인한 의지로 부서진 바위 사이에 뿌리를 내린다는 것이다. 대나무는 사시사철 비바람이나 눈보라가 쳐도 부러지지 않는다. 이러한 자태는 강인한 의지를 잘 드러내 준다.

또한, 열자(列子)의 우공이산(愚公移山)이나 순자(荀子)의 계이불사(鍥而不舍)도 같은 교훈을 선사한다. 전자는 우공(愚公)이 산을 옮기고 말겠다는 불굴의 의지를 가지고 몇 대에 걸쳐 노력한 끝에 산을 옮겼다는 우화이고, 후자는 불굴의 굳은 의지로 힘겨운 조각을 결코 포기하지 않았다는 성어(成語)이다.

이러한 교훈을 실행에 옮기는 대표 사례는 LPGA투어에서 맹활약을 보이는 한국 여자골퍼들이라고 할 수 있다. 이들이 LPGA투어에서 성공하는 요인은 강한 정신력, 세리 키즈의 성장, 강한 공동체의식, 부모의 든든한 지원, 축적된 투어 경험, 엘리트선수 육성시스템 등으로 분석된다(주석 1). 여기에서 강인한 정신력은 골프에 대한 의지나 열정으로서 맨털에 한정하는 것은 아니다.

이와 관련하여, 캐리 웹(호주)은 2011년 골프다이제스트와의 인터뷰에서 "한국골퍼들이 주어진 환경에서 최선을 다해 죽도록 열심히 하는 것이 가장 인상 깊다."라고 말하였다(주석 2). 여기에서 "최선을 다해 죽도록 열심히 하는 것"은 강인한 의지와 부단한 연습을 강조한 것으로 보인다.

골프에 입문할 때나 구력이 늘어날 때, 앞서 소개한 시나 고사에서 강조한 바와 같이 강인한 의지를 바탕으로 스윙 연습을 지속할 필요가 있다. 그래야만 한 단계 더 높은 경지에서 즐거운 라운드를 향유할 수 있을 것이다. 필자가 1999년 골프에 입문할 때, 레슨프로가 첫 3개월 동안 연마하는 정신자세를 보면 장차 싱글에 도달할 수 있을 지 예측할 수 있다고 말한 바 있다. 이 또한 강인한 의지를 가지고 부단히 스윙 연습을 하느냐의 문제를 지적한 것이다.

어디 골프에서만 청산을 물고 있는 대나무의 의지와 부단한 연마가 중요하겠는가? 여러 단계를 거쳐야 하거나 상당한 기간을 거쳐 성과를 도출하는 경우에서도 다를 바 없다. 정섭(鄭燮)의 시가 충고하는 바를 깊이 되새겨 볼 만하다.

작자
- 정섭(鄭燮): 1693~1766, 청나라 서화가, 문인
- 죽석(竹石): 정섭이 대나무에 대하여 지은 칠언절구

주석
1) 장희정(2017.8.13.), 한국 여성 골퍼들이 LPGA 휩쓰는 이유?, 경향신문, https://m.khan.co.kr/national/national-general/article/201708131034001#c2b
2) 탁조이(2012.4.10.), 캐리웹 인터뷰, 골프멀리건, https://blog.daum.net/plusjoy06/1393에서 재인용(골프다이제스트 2011.11. 인터뷰)

한자
- 咬定青山不放鬆, 立根原在破岩中 - 鄭燮(清), 竹石
  [요정청산불방송, 입근원재파암중 - 정섭(청), 죽석]
- **청산을 물고도 느슨하지 않거늘, 뿌리는 본디 바위를 뚫고 내리니라.**
- 咬: 물 요, 定: 정할 정, 鬆: 느슨할 송, 原: 원래 원, 破: 부술 파, 岩: 바위 암

04

타산지석의
마음가짐으로 스윙하라

다른 산의 돌로 옥을 갈아내다.

[他山之石, 可以攻玉]

시경

라운드를 하다 보면 동반자의 장단점이 잘 보인다. 자신의 장단점은 동반자의 각도에서 다른 동반자의 장단점이 된다. 동반자의 장점이 기억에 남기는 하나, 단점은 장점에 비하여 더 강하게 각인되는 경우가 많다. 주말 골퍼의 경우 동작 문제나 매너 미흡이 대부분이지만, 동반자로부터 본받을 만한 것도 적지 않다.

시경(詩經) 소아(小雅)편에서 "다른 산의 돌로 옥을 갈아내다(他山之石, 可以攻玉)."라고 하였는데, 이는 골퍼들의 동작 수준과 품격 향상에 큰 가르침을 준다. 직역하자면, 어느 산의 옥이 단단하더라도 다른 산의 돌이 옥보다 더 단단할 경우에는 그 돌로 원석을 쪼고 갈아 옥을 추출해 낸다는 것이다. 주지하다시피, 다른 사람의 방법이나 의견 또는 경험을 본받아 자신의 본보기로 삼는다는 것으로 더 많이 쓰인다. 이와 비슷한 성어로는, 춘추시대 역사서인 국어(國語)의 인이위계(引以爲戒)를 들 수 있다. 자신이나 타인이 저지른 과거의 잘못이나 실패를 교훈으로 삼아 경계하고 재발을 방지한다는 의미이다.

중국 역사에서는 '타산지석'이나 '인이위계'의 고사로, 당나라 정관의 치(貞觀之治)를 이끈 위징(魏徵)의 간언을 들기도 한다.

수(隋)나라는 양제(煬帝)의 잔혹한 통치로 반란이 봉기하여 40년을 넘기지 못한 채 멸망하였다. 그후, 위징은 당태종에게 수나라의 실정(失政)을 교훈 삼아 민심이 매우 중요하다고 간언하면서, "물은 배를 띄우기도 하나 뒤엎을 수도 있다(水能載舟, 亦能覆舟 / 수능재주, 역능복주)."라고 말하였다. 위징의 간언에 따라, 당태종은 감세를 비롯한 애민정책을 시행하여 정관의 치(貞觀之治)라는 태평성세를 이루어냈다(주석 1). 당태종이 위징의 간언을 무시하고 민심을 중시하지 않았다면 정관의 치를 안착시킬 수 없었을 것이다. 즉, 타산지석의 지혜를 살려 치세(治世)에 이른 것이라 할 수 있다.

타산지석의 교훈은 골퍼가 동반자의 '장점'으로 자신의 단점을 대체하고, 동반자의 '단점'을 주의 깊게 살펴서 실수를 예방하라는 것이다.

동반자의 동작이 '장점'인 경우에는 타산지석으로 삼는다고 하더라도, 그 라운드에서는 물론 단기간에 자신의 것으로 바꾸기는 어렵다. 타산지석의 바탕 위에서 본질적 노력이 필요하다. 즉, 동반자가 어느 교습가로부터 중요한 동작요소를 배웠으며, 어느 정도의 기간동안 동작요소를 연마하였는지에 대한 구체적 정보를 얻어야 하겠다. 또한, 그중 가장 핵심적인 스윙원리는 무엇인지, 어떻게 다가가는 것이 효율적인지를 파악하여 자신의 동작 교정에 잘 활용하는 것이라 할 수 있다. 참고로, 필자는 10여 년 전에 2개월 정도 교습을 받은 일이 있는데, 교습가의 체격과 체형이 필자의 것과 비슷하여 보다 수월하게 교습을 받아들일 수 있었다.

반면에, 동반자의 동작이 '단점'인 경우에는 골퍼가 동반자의 문제점이나 그 원인을 주의 깊게 관찰하여 자신의 동작에서 반면교사(反面教師)로 삼는 것이다. 위와 같이 주말 골퍼가 동반자의 단점을 타산지석으로 삼아 한 단계 수준을 높인다면 더 정교한 동작으로 더 즐거운 골프를 향유할 수 있을 것이다.

정치, 경제, 사회, 문화 각 영역에서 관계자의 장단점을 타산지석으로 삼지 못하는 경우를 종종 본다. 또한, 자신이 소속된 각 조직이나 영역에서도 이와 같은 경우는 자주 발생하게 된다. 이럴 때일수록 타산지석(他山之石)의 교훈을 깊이 헤아려 실행에 옮길 일이다.

문헌

- 공자(孔子): B.C.551~479, 공구(孔丘), 춘추시대 노나라 사상가, 유가 시조
- 시경(詩經): 서주 말기부터 동주에 걸쳐 완성된 중국 최초의 시가집. 공자가 제
  자들 교육을 위해 편집한 것으로 알려짐.
- 좌구명(左丘明): B.C.556~451, 춘추시대 말 노나라 역사가
- 국어(國語): 좌구명이 춘추시대 8국의 역사를 나라별로 편찬한 책
- 위징(魏徵): 580~643, 당나라 태종의 현신. 당 태종과의 문답이 정관정요(貞
  觀政要)에 실려 있음

주석

1) 百度百科, 水能載舟, 亦能覆舟, https://baike.baidu.com/item/%E6%B0%
   B4%E8%83%BD%E8%BD%BD%E8%88%9F%EF%BC%8C%E4%BA%A6%E
   8%83%BD%E8%A6%86%E8%88%9F/9069266?fr=aladdin

한자

- 他山之石, 可以攻玉 - 孔子, 詩經, 小雅
  [타산지석, 가이공옥 - 공자, 시경, 소아]
- **다른 산의 돌로 옥을 갈아내다.**
- 攻: 갈(공격할) 공

05

미세한 차이가
천 리의 오차를 초래하니라

미세한 차이가 천 리의 오차를 초래한다.

[失之毫厘, 差以千里]

자치통감

드라이버샷의 경우 볼의 출발지점에서는 1mm나 1도의 오차밖에 나지 않았으나, 낙하지점에서는 엄청난 차이가 생겨 OB나 해저드에 빠질 수 있다. 거기에 훅이나 슬라이스가 날 때면 그 차이는 더 커진다. 이러한 현상은 불안정한 장타 골퍼가 좁은 페어웨이에서 라운드할 때 자주 발생한다. 특히, 첫 홀인 경우에는 그 이후에 미치는 영향이 상당히 크다. 우드나 아이언 또는 퍼터라고 하여 다를 바 없다.

자치통감(資治通鑑)은 조충국(趙充國)의 고사를 통해 골퍼들에게 미세한 차이가 천 리의 오차를 초래한다고 시사한다.

서한시대 때, 조충국은 선제(宣帝)의 명을 받고 서북 변경의 반란을 평정하러 갔다. 그곳에 도착하여 형세를 살펴보니, 반란군의 역량은 큰 편이나 결집력이 떨어진다는 것을 확인하고 회유책을 쓰기로 했다. 어느 해인가, 금성지역 일대에 대풍년이 들어 곡식 값이 하락했다. 그러자, 그는 황제에게 300만 석을 비축하면 반란군들도 군량미가 풍부한 것을 보고 마음이 달라질 것이니 300만 석의 군량미를 비축할 것을 간언했다. 그러나, 대신이 황제에게 100만 석만 구매하자고 하였고, 황제는 40만 석이면 충분하다고 생각하여 그만큼만 구매하였다. 그 지역 태수는 그 중 20만 석을 소모해 버렸다. 그후 큰 반란이 발생했다.

조충국은 이런 결과를 예상했다고 하면서 한숨을 깊게 쉬었다. "정말로 미세한 차이가 천리의 오차를 초래하도다! 지금 반란이 그치지 않았으니 위험천만한 상황이다. 나는 목숨을 바쳐 당초의 계획을 관철하려 하였으나 황제를 위해 굽히고 말았다."라고 한탄했다(주석 1). 황제와 대신이 별 문제가 없을 것으로 가볍게 생각하고 비축미를 거듭 축소하고 방만하게 소모하였다가 대반란의 재발이라는 큰 문제가 초래되고 말았던 것이다.

일상생활에서 '정신일도 하사불성(精神一到, 何事不成)'이라는 말을 자주 한다. 정신이 한 곳에 이르면 어떠한 일도 이루어 낼 수 있다는 의미이다. 그런데, 여기에서 "한 곳에 이른다."는 의미의 "일도(一到)"를 "일도(一度, 1°)"로 바꾸면, 자치통감의 조충국 고사에서 말하는 가르침과 연결될 수 있다. 즉, 정신이 원래의 방향에서 1도(一度) 차이가 나면, 어떠한 일도 이루어 낼 수 없다는 의미로 해석할 수 있다. 이를 골프에 적용해 보면, 드라이버나 우드 또는 아이언 샷의 볼이 출발하는 지점에서 미세하게 빗나가더라도, 낙하지점에서는 OB나 해저드에 빠질 수 있다는 것이다.

이제 남는 문제는 스윙을 할 때 어떻게 1mm나 1도(一度)의 미세한 오차를 줄여서 중대한 위험을 피할 수 있느냐이다. 여기에는 왕도나 지름길이 있을 수 없다. 먼저, 정기적으로 전문가의 레슨을 통하여 스윙의 문제점을 바로잡아야 한다. 그 후, 부단한 연습과 실전 라운드로 그 미세한 차이를 줄이는 길밖에 없다. 미세한 차이의 완벽한 해소가 불가능하다는 점은 받아들여야 하리라. 골프는 실수를 줄이는 운동이지, 완벽의 경지를 정복하는 대상이 아니기 때문이다.

어떠한 프로젝트나 과업을 수행할 때 미세한 차이로 인하여 실패하는 경우들이 있다. 자치통감의 고사에서 훈계한 바와 같이, 미세한 차이로 천 리의 오차가 초래된다는 것을 명심한다면 프로젝트나 과업을 성공적으로 수행하는 데 큰 도움이 될 수 있을 것이다.

문헌
- 사마광(司馬光): 1019~1086, 북송 유학자, 역사가
- 자치통감(資治通鑑): 사마광이 주나라 B.C.403년부터 5대10국 후주 959년까지의 역사를 편년체로 저술한 책

주석
1) 瑞文網(2018.10.28.), 失之毫厘, 差以千里的成語故事, https://www.ruiwen.com/zuowen/chengyugushi/1435612.html

한자
- 失之毫厘, 差以千里 — 司馬光, 資治通鑑
  [실지호리, 차이천리 — 사마광, 자치통감]
- **미세한 차이가 천 리의 오차를 초래한다.**
- 毫: 작을 호, 厘: 거리단위 리

스윙의 붕괴는 한 단계
비상하는 길이니라

거센 바람, 높은 파도가 몰아쳐도 기회가 생기리니,

구름 같은 돛을 높이 달아 저 푸른 바다를 건너리라.

[長風波浪會有時, 直掛雲帆濟滄海]

이백

2016년부터 2017년까지 1년에 2, 3회 필자와 라운드를 하는 40대 지인이 있었다. 그때마다, 지인은 장타에 정교한 샷을 구사해서 매우 강한 인상을 주었다. 키가 크지 않은 편이었음에도 드라이버의 거리나 아이언샷의 정확도는 물론, 펏의 예리함도 출중했다. 여러모로 진정한 고수의 면모를 갖췄다.

2019년 가을 지인과 라운드를 한 적이 있다. 그런데 다른 사람이 나타난 것처럼 스윙이 달라져 있었다. 드라이버는 악성 훅이나 심한 슬라이스가 나기 일쑤였다. 아이언샷은 뒷땅이나 탑볼을 치는 게 비일비재였다. 골프가 불가사의한 운동이라고는 하지만 놀라움을 금할 수 없었다. 경영상 어려움으로 1년 남짓 라운드를 하지 못했다고 설명했다. 라운드 중에 힘들어 하는 지인의 표정이 생생하게 남아 있다.

이백(李白)의 행로난(行路難)이라는 시구는 이러한 골퍼에게 희망과 비상(飛上)의 발판을 마련해 줄 수 있으리라.

가는 길이 힘들도다. 가는 길이 힘들도다.

갈림길은 많은데, 나는 지금 어디에 있는가?

거센 바람 높은 파도가 몰아쳐도 기회가 생기리니,

구름 같은 돛을 높이 달아 저 푸른 바다를 건너리라.

行路難, 行路難. (행로난, 행로난)

多岐路, 今安在? (다기로, 금안재?)

長風波浪會有時, (장풍파랑회유시)

直挂雲帆濟滄海. (직괘운범제창해)

이 시는 지인의 상태를 그리면서 미래에 대한 희망을 제시해 줄 수 있다. 기업의 경영상황은 차치하고 골프의 상태만 보더라도 그렇다. 골프를 치는 게 어렵고 어렵다는 심사가 지인의 표정에 가득했다. 드라이버나 아이언샷이 경직된 데다 템포도 놓쳤다. 그러다 보니 볼의 방향과 거리가 일정하지 않았다. "골프를 계속해야 할 지, 말아야 할 지 답답하다!"라며 한탄 어린 독백이 계속됐다. 동반자들도 이러한 모습에 동고(同苦)의 마음만 가질 뿐, 달리 도움을 줄 수 있는 방도가 없었다.

골프와 경영 사이에 상통하는 부분이 적지 않다고 한다. 전략 수립, 각종 관리, 위기 대응, 성과 평가 등 여러 측면을 얘기하기도 한다. 적어도, 굳건한 체력과 강인한 정신력이 전제되어야 한다. 그렇지 않으면 골프나 경영 모두 과정이 흔들리기 쉽고, 결과가 만족스럽기 어렵다. 라운드 후 식사시간에 필자가 용기를 냈다. 먼저 강인한 체력을 견고하게 다질 것을 권했다. 또한, 틈틈이 교습에 병행하면서 자신의 골프도 되돌아본다면 회복이 빨라질 것이라고 덧붙였다.

아울러, 필자는 한 잔의 술을 곁들이면서 이백의 시(詩)로 지인을 위로해 주었다. 기업경영이라는 거센 바람과 높은 파도로 드라이버나 아이언을 제대로 칠 수 없는 상태에 이르렀다. 그러나 이 상태가 경영의 바닥, 골프의 바닥은 결코 아니다. 정호승 시인의 일갈처럼, 바닥은 딛고 일어서기 위해 있는 것이라고 전했다. 오히려, 한 단계 비상(飛上)하는 기회로 삼을 수 있기를 간절히 응원한다고 말했다. 그러니 치밀한 전략과 부단한 연마의 돛을 높이 달아 올리면, 가벼운 마음으로 드넓은 초록필드를 거닐 수 있지 않겠느냐고. 더불어, 경영도 회복되지 않겠느냐고.

그 이후 서로 바쁜 데다 기회가 닿지 않아 라운드를 하지 못했다. 다만, 몇 차례의 만남에서 골프와 경영상황이 상당히 호전되었다고 했다. 미력하나마 이백의 시가 도움이 되었다면 조그만 보람이 아닐 수 없다.

골프가 기업경영과 단순 비교할 수 있는 영역이 아니지만, 이백의 시구(詩句)는 골프를 넘어 기업 경영, 나아가 인생 여정에 더 큰 힘을 실어주고 있으니 깊이 헤아려 볼 만하다.

작자
- 이백(李白): 701~762, 당나라 시인. 시선(詩仙)
- 행로난(行路難): 이백이 744년 장안을 떠날 때 지은 시

한자
- 長風波浪會有時, 直挂雲帆濟滄海 ─ 李白, 行路難
  [장풍파랑회유시, 직괘운범제창해 ─ 이백, 행로난]
- **거센 바람 높은 파도가 몰아쳐도 기회가 생기리니, 구름 같은 돛을 높이 달아 저 푸른 바다를 건너리라.**
- 歧: 갈라질 기, 安: 어디 안, 波: 작은물결 파, 浪: 큰물결 랑, 挂: 걸 괘, 帆: 돛 범, 濟: 건널 제, 滄: 검푸를 창

제 5 장

맨털관리
고전명구

골프에서 맨털은 고차방정식이다.

풀기 어려운 문제이나 그 답은 멀리 있지 않다.

삼국지는 조운(趙雲)처럼 담대하라 하고,

장자는 목계(木鷄)처럼 평정심을 가지라 한다.

맹자의 일침대로, 하늘은 멋진

골퍼가 되라고 맨털을 흔드는 것이니

힘들어 하지 말자.

담대하게
이겨내라

담대하여 두려움이 없다.

[一身是膽]

삼국지

라운드를 하다 보면 육중한 심적 압박을 피하기 어렵다. 티샷에 앞서 전방을 보니 페어웨이가 좁은 데다 양쪽이 OB라면, 그 압박의 정도는 커진다. 베스트 레코드를 앞두고 티샷이나 펏의 부담은 무겁게 다가온다. 프로들도 마지막 라운드에서 한두 타 차이로 앞서는 경우 엄청난 심적 압박을 느낀다고 한다. 더욱이 우승을 앞둔 프로 골퍼가 그린 앞 벙커샷이나 트러블샷을 해야 하는 경우 오죽하랴! 긴장하는 모습은 갤러리나 시청자도 쉽게 알 수 있다. 담대한 맨털을 가진 골퍼는 위와 같은 초긴장의 상황을 별 탈 없이 극복하나, 그렇지 못한 경우도 적지 않다.

골프에서의 담대한 맨털은 전장에서의 담대한 용기와 일맥상통하다고 할 수 있다. 삼국지(三國志)에 나오는 일신시담(一身是膽)의 고사는 이를 잘 일러준다.

위나라와 촉나라가 한중(漢中, 샨~시성 소재)을 쟁탈하기 위하여 전쟁을 앞두고 있었다. 유비(劉備)와 제갈량(諸葛亮)이 10만 대군으로 조조(曹操)를 공격하려 하자, 조조는 40만 대군을 이끌고 한수(漢水)에 당도하여 일전을 준비하고 있었다. 노장 황충(黃充)이 재삼 대부대의 출병을 제안하여, 황충과 조운(趙雲)이 진군하게 되었다. 황충이 선두에서 조조의 군대에 포위되어 어려운 상황에 처하게 되자, 조운이 급히 몇 십 명의 기병을 이끌고 그를 구출해냈다. 조조가 부대를 이끌고 조운을 추격하자, 그는 중과부적인 상황에서 한중 군영으로 후퇴했다. 조운은 성문 밖에 병사들을 매복시킨 후 홀로 나가 기다리고 있었다.

저녁 무렵 조조의 군대가 접근해 보니, 촉나라 군영이 조용한 반면에 조운이 홀로 성문 밖에서 위풍당당하게 맞서고 있었다. 조조의 군대는 촉군의 매복을 의심하면서 퇴각했다. 그때, 조운이 바로 군대를 이끌고 천지를 울리는 북소리와 함께 함성을 지르며 조조의 군대를 추격하였다. 조조의 군대는 이미 밤이 되어 조운의 군대 규모를 알 수 없었으므로, 일전을 벌일 생각조차 못한 채 무기를 버리고 도망가기 급급했다. 그 과정에서 사상자가 무수히 발생했다. 유비는 친히 군영에 와 승전을 치하하면서 조운에게 "정말 담대하도다(一身是膽)!"라고 칭찬했다(주석 1). 조운이 소부대로 조조의 대부대를 물리친 주요인은 담대한 용기라 할 수 있다.

골프는 14개의 무기를 가지고 하루 또는 나흘간 치르는, 총성 없는 전쟁이라고 할 수 있다. 따라서 골퍼가 조운 같은 담대한 맨털로 극도의 심리적 압박을 이겨낸다면 우승의 개가를 올릴 수 있다. 그러나, 골퍼가 고도의 긴장상태를 이겨내지 못하고 흔들린다면 우승을 놓친 후 상심과 후회의 늪에 빠질 수 있다. 심한 경우에는 장기간의 슬럼프로 이어지는 경우도 있다.

더욱이 프로 골프에서 연장전은 극도의 긴장이 지속되는 상황이다. 여기에서 우승한 경우에는 맨털의 초강자로서 최고의 승부사라 할 수 있다. 반면에, 연장승부에서 패배의 쓴 맛을 본 경우에는 이후의 같은 상황에서 정신적 압박을 이겨내기 어렵다.

공식대회에서 연장 승부에 가장 강한 골퍼는 박세리다. 여섯 차례의 연장 승부에서 전승을 하여 연장 불패의 신화를 일구었다. 김세영도 다섯 차례의 연장 승부에서 네 차례 우승을 하여 강자의 면모를 과시했다. 남자 프로로는 타이거 우즈가 공식대회에서 11승 1패로 최강자의 지위를 차지하고 있다. 반면에, 렉시 톰슨은 2021년 11월에 열린 LPGA투어 펠리컨위민스대회를 비롯하여 연장 승부에서 4전 전패의 아픈 기록을 가지고 있다(주석 2).

주말 골퍼도 라운드 중에 상당한 정신적 압박을 이겨내지 못하면 적잖은 상심이나 후회가 뒤따르기도 한다. 필자도 2011년경 이러한 정신적 압박을 이겨내지 못하여 10여 차례나 79타의 목전에서 아쉽게 다음 라운드로 미뤘던 적이 있다. 주말 골퍼도 의미 있는 기록을 앞두고 있을 때 조운의 일신시담(一身是膽) 고사를 생각하며 담대한 맨털로 임해 보자.

입찰이나 협상에서도 담대한 맨털이 요구되는 경우가 많다. 상대방과의 치열한 경합이나 세부적인 이슈 대결이 중요한 상황이다. 여기에서는 치밀하게 전략을 세운 후 담대한 맨털로 흔들림 없이 추진하는 것이 필요하다고 하겠다.

문헌
- 진수(陳壽): 233~297, 삼국시대 촉나라, 서진의 역사가, 관료
- 삼국지(三國志): 진수가 동한 말부터 서진 초까지의 역사를 기술한 책

주석
1) 百度百科, 一身是膽成語故事, https://baike.baidu.com/item/%E4%B8%80%E8%BA%AB%E6%98%AF%E8%83%86/891561?fr=aladdin
2) 김지한(2021.11.15.), "4전 전패" 렉시 톰슨 vs "6전 전승" 박세리, 중앙일보, https://www.joongang.co.kr/article/25023801#home

한자
- 一身是膽 - 陳壽, 三國志
  [일신시담 - 진수, 삼국지]
- **담대하여 두려움이 없다.**
- 是: 이 시(여기서는 '~이다'의 의미임), 膽: 쓸개 담

02

목계(木鷄)의
평정심을 견지하라

|

나무로 만든 닭의 평정심을 기르다.

[木鷄養到]

장자

    강한 맨털을 가진 골퍼는 평정심(平靜心)을 견고하게 유지한다. 평정심은 외부의 어떤 자극에도 동요되지 않고 항상 편안한 감정을 유지하는 마음을 뜻한다. 라운드 내내 외부의 다양한 자극에 동요되지 않고 샷을 일관되게 유지한다는 것은 불가능에 가깝다. 그래서 라운드 중에 평정심의 유무와 강약, 이탈과 회복 등의 다양한 변화가 연속된다고 할 수 있다. 이러한 상황에서 평정심이 유지되거나 그 변화가 있더라도 최대한 빨리 회복된다면 좋은 성과를 낼 수 있다. 그러나 평정심이 라운드 시작부터 약화되어 있거나 변화 후 회복되지 못한다면 후회스런 결과를 초래하게 된다.

    장자 달생(達生)편의 목계양도(木鷄養到)라는 우화는 싸움닭의 조련을 통해 평정심의 효과와 중요성을 깊이 일깨워준다.

춘추시대에 주선왕(周宣王)은 특히 닭싸움(鬪鷄)을 즐겨 했다. 그래서 내시한테 건장한 수탉을 키우도록 한 다음 퇴청한 후 뒷 뜰에서 닭싸움을 보곤 했다. 그러나 불패(不敗)의 닭이 없는 게 불만이었다. 선왕은 제나라에 기성자(紀渻子)가 싸움닭 조련에 출중하다는 얘기를 듣고 그를 초빙하였다. 그는 수탉무리 중에서 금빛 벼슬과 화려한 깃털이 있는 수탉을 골랐다. 그는 조련에 들어가기 전에, 주선왕에게 아무도 자신의 조련에 간섭하지 말도록 요청했다.

10일 후, 성미가 급한 선왕은 기성자에게 "조련이 다 되었느냐?"고 물었다. 그러자, 그는 "아직 이릅니다. 혈기에 의존하고 오만합니다."라고 답했다. 그로부터 10일이 지난 후 선왕이 묻자, 그는 "아직 이릅니다. 여전히 다른 닭의 울음소리나 접근에 대하여 반응합니다."라고 답했다. 다시 10일이 지난 후 선왕이 묻자, 그는 "아직도 이릅니다. 여전히 기세등등하게 상대를 쳐다봅니다."라고 답했다. 또 다시 10일이 지난 후 선왕이 묻자, 그는 "거의 되었습니다. 다른 닭이 소리를 질러도 아무런 반응을 보이지 않는 수준에 이르렀습니다." 선왕이 조련된 수탉의 싸움을 보았다. 과연 나무로 만든 닭(木鷄)처럼 그 정신이 내적으로 응집되어 있었다. 다른 닭이 감히 싸우려 하지 않고 도망을 쳤다.

이 우화(寓話)는 자신의 혈기나 오만을 극복하고 상대의 반응에 초연하게 대할 것을 요구한다. 이를 바탕으로, 정신이 내적으로 응집된 평정심의 경지에 이르게 된다면 어떤 상대도 제압할 수 있다는 것이다. 골퍼에게 자신의 불안정한 상태를 진정시키고 상대의 경기에 대하여 나무로 만든 닭(木鷄)처럼 초연하게 대하는 자세, 즉 정신이 내적으로 응집된 고도의 평정심으로 임해야 함을 강조한다.

정규투어 프로에서 고도의 평정심(平靜心)을 견지하거나 회복하여 우승을 달성하거나, 그렇지 못하여 놓치는 예들이 있다.

김세영은 2018년 7월 손베리크릭클래식대회에서 4라운드 최종합계 31언더파를 쳐서 LPGA투어 최저타의 신기록을 달성하였는데, 그 비결은 고도의 평정심을 유지한 데 있었다(주석 1). 키건 브래들리는 2011년 8월 PGA챔피언십대회 15번홀에서 트리플보기를 하여 우승이 어려운 상황에 처했으나, 고도의 평정심을 회복한 끝에 17번홀에서 긴장된 펏을 성공하여 마침내 우승했다(주석 2).

반면에, 어니 엘스는 2016년 마스터스대회 1라운드 1번홀(파4)에서 약 60cm밖에 되지 않음에도 무려 식스펏을 했고(주석 3), 로리 매킬로이는 2011년 마스터스대회 마지막 라운드 12번홀(파3)에서 포펏을 했다(주석 4). 모두 평정심 붕괴에서 초래된 것이라 할 수 있다.

주말 골프에서 평정심이 붕괴되는 상황은 수시로 발견된다. 80대 초반을 안정되게 치는 골퍼라도, 초반에 OB나 생크가 난 후 회복하지 못하고 무너지는 경우가 종종 있다. 반면에, 초반에 실수가 나왔으나 즐기겠다는 마음으로 라운드하는 경우도 있다. 샷이나 펏이 순조롭게 진행되며 뜻밖의 좋은 스코어를 얻게 된다. 평정심이 회복되었기 때문이라 할 수 있다.

평정심을 견지하는 방법도 담대함의 경지에 이르는 방법처럼 지속적인 수행이 필요하다. 찰나의 각성이나 단기간의 연마로 터득하기 어렵다. 기도, 명상, 호흡, 망각, 초심, 회복기억 등과 같이 자기만의 수행방법을 시도하기도 한다.

현대를 살아가는 삶 자체도 평정심과 흔들림 간의 진자운동이 아닐까? 삶 속에서 평정심을 얼마나 오래 유지하는지, 흔들림의 상태에서 얼마나 빨리 평정심을 회복하는지가 관건이다. 평정심의 유지와 회복이 삶의 안정성이나 행복도를 좌우하지 않을까 생각된다. 장자의 목계양도(木鷄養到) 우화가 주는 가르침을 깊이 되새겨 볼 일이다.

문헌

- 장자(莊子): B.C.369?~286, 장주(莊周), 전국시대 송나라 사상가, 도가의 대표 인물
- 장자(莊子): 도가 계열의 철학서로 여러 사람의 글을 편집한 책. 장자가 내편을, 제자들이 외편과 잡편을 썼다고 함.

주석

1) 정현석(2018.7.9.), '편안해진' 김세영, 31언더파 우승… LPGA 이정표를 세우다, 스포츠조선, https://sports.chosun.com/news/utype.htm?id=20180709010007900006079&ServiceDate=20180709#rs
2) 하재천(2011.8.15.), 브래들리, PGA챔피언십 20년만에 '신인의 반란', 경향신문, https://m.khan.co.kr/sports/golf/article/201108152128185#c2b
3) 김종석(2016.4.8.), 스피스, 마스터스 1R 6언더파 단독선두… 어니 엘스 6퍼팅 수모, 동아일보, https://www.donga.com/news/article/all/20160408/77480286/1?comm
4) 최송아(2011.4.11.), 마스터스, '신성' 매킬로이 우승문턱서 '와르르', 연합뉴스, https://m.yna.co.kr/view/AKR20110411046600007

한자

- 木鷄養到 － 莊子, 達生
  [목계양도 － 장자, 달생]
- **나무로 만든 닭의 평정심을 기르다.**
- 鷄: 닭 계, 養: 기를 양, 到: 이를 도

무심(無心)으로
임하라

무심히 버들가지를 꽂으면 버들이 그늘을 주니라.

[無心揷柳柳成蔭]

증광현문(명)

샷이나 펏을 할 때 고도의 심리적 압박은 좋지 않은 결과로 이어
진다. 프로 골퍼든, 주말 골퍼든 여기서 자유로울 수 없다. 잭 니클
라우스는 골프에서 맨털의 비중이 50%를 차지한다고 하고, 혹자는
그 이상이라고 한다. 심리적 압박을 극복하는 것이 얼마나 어려운
지를 강조한 것이다. 자신의 건강상태, 코스의 지형과 상태, 일기의
변화, 동반자의 경기상태 등이 상호작용을 하다 보니, 이러한 심리
적 압박의 해소문제는 고차방정식이다.

맨털 문제의 해소책 중 하나로 무심(無心) 상태를 견지하는 것을
들 수 있다. 이는 아무런 생각이나 의지가 없는 상태가 아니라 인위
적이거나 과욕의 상태를 벗어나는 것이다. 즉, 긍정적인 결과에 대
한 과도한 의욕이나 부정적 결과에 대한 지나친 우려를 떠올리지 말

라는 것이다.

명나라 때 아동용 교육서로 편찬된 증광현문(增廣賢文)은 꽃과 버들의 비유를 통하여 무심 상태의 중요성을 일깨워준다.

욕심을 가지고 꽃을 심으면 꽃이 피지 아니하고,
무심히 버들가지를 꽂으면 버들이 그늘을 주니라.

有意栽花花不開. (유의재화화불개)
無心插柳柳成蔭. (무심삽류류성음)

꽃이 만개하였을 때의 화려함이나 짙은 향기 또는 그 이득을 의식하면 개화 상태가 당초의 의도에 미치지 못한다는 것이다. 반면에, 별다른 의도나 욕심 없이 양지 바른 곳에 버들가지를 꽂아 두면, 버드나무가 생각보다 무성하게 자라서 사람들에게 그늘을 제공해 준다는 것이다. 무심의 상태를 견지했을 때에 지나친 의도나 욕심을 가지고 임할 때보다 더 좋은 결과가 생긴다는 점을 가르쳐준다. 프로 골프에서 우승의 영예와 거액의 상금에 대한 의도가 강하거나, 주말 골프에서 장타의 화려함과 스코어의 우월감이 강하게 드러날 수 있다. 이 경우 결과가 당초의 의도에 미치기 어렵다는 것을 깨우쳐준다. 오히려, 이러한 의도 없이 무심히 경기에 임할 경우 자연스럽게 좋은 결과로 이어진다는 것이다.

미국 정규투어에서 무심(無心)의 샷을 통해 우승의 개가를 올린 예들이 있다. 양용은과 김효주가 미국 메이저대회에서 우승할 때 보여준 맨털 상태를 들 수 있다.

양용은은 2009년 8월 PGA챔피언십대회 4라운드 마지막 조에서 골프황제인 타이거 우즈와 맞대결을 펼쳐 우승컵을 들어올렸다. 그는 인터뷰에서 "지더라도 잃을 게 없다는 생각이었다."라고 말했다. 마음을 비운 무심 상태를 필드에서 구현한 것이라 할 수 있다(주석 1). 우승이 확정된 후 클럽백을 머리 위로 불끈 들어 올리면서 그제야 무심의 상태에서 무한의 희열무대로 올라섰던 순간이 생생하게 떠오른다. 마지막 라운드에서 타이거 우즈와 경기한 투어프로들이 스스로 무너지던 전례들과 비교하면, 양용은의 무심 상태는 초격차의 수준이라 할 수 있다.

또한, 김효주가 2014년 9월 에비앙챔피언십대회에서 우승할 때의 맨털 상태이다. 17번홀까지 정규투어 41승의 캐리 웹(호주)에게 1타를 뒤지고 있던 상황에서 5미터 버디펏을 성공시켜 역전극을 펼쳐냈다. 김효주는 인터뷰에서 "웹에 비해 잃을 게 없다."라고 말했다(주석 2). 가슴 조이며 생중계를 보다가 연신 박수를 보냈던 그날 밤의 기억이 생생하다. 양용은이나 김효주 모두 메이저대회에서 무심 맨털의 저력을 유감없이 발휘했던 것이다.

두 프로의 경우를 보면, 무심 상태에 이르는 방법은 복잡한 것 같지 않다. 더 잘 쳐서 이기겠다는 의욕보다는 잃을 게 없다는 무심의 맨털 상태를 견지한 것이다. 이와 관련하여, 고려 말기의 학자인 이숭인(李崇仁)은 신청(新晴)이라는 칠언절구(七言絶句)에서 시작(詩作) 방법을 통해 골프에서 무심 상태에 이르는 방법을 시사해 준다.

시를 짓는 건 바로 무심의 경지에 있는데,

헛되이 먼지 덮인 책에서 영감을 구하네.

詩成政在無心處, (시성정재무심처)

枉向塵編苦乞靈. (왕향진편고걸영)

골프에서 최선의 성과를 이루기 위해서는 유명 지침서를 독파하는데 있지 않다. 오히려 자신의 마음을 비우는 상태에 도달하는데 있다는 것이다. 이것이 시인의 가르침이다. 이 부분을 높이는 노력은 연습, 수련, 훈련보다는 불가의 수행(修行)이라는 표현이 더 나을 것 같다. 동작의 일관성을 넘어 맨털의 무심 경지를 지향하는 것이기 때문이다. 상당 기간의 부단한 수행이 필요하리라.

문학, 예술, 영화 등과 같은 창작의 영역에서는 특히 무심(無心)의 상태에 이르렀는지 여부가 중요할 것으로 생각된다. 증광현문(增廣賢文)의 명구나 이숭인(李崇仁)의 시구를 통해서 무심 상태의 중요성과 방법을 되짚어 볼 만하다.

문헌

- 작자 미상
- 증광현문(增广贤文): 명나라, 청나라의 문인들이 편찬한 아동교육서

주석

1) 최명식(2011.7.1.), 양용은, "110억 상금, 골프는 내겐 로또…", 문화일보, http://www.munhwa.com/news/view.html?no=2011070101032921146 0070
2) 최명식(2014.11.12.), 맨털甲 김효주 "'생각 없이 치는 것'이 나의 골프", 문화일보, http://www.munhwa.com/news/view.html?no=20141112010335 39174001

한자

- 無心插柳柳成荫 － 增廣贤文
  [무심삽류류성음 － 증광현문]
- **무심히 버들가지를 꽂으면 버들이 그늘을 주니라.**
- 插: 꽂을 삽, 柳: 버들 류, 荫: 그늘질 음

꽃마을이 가까우니
포기하지 마라

어두운 버들 너머 저편에 꽃마을이 있느니라.

[柳暗花明又一村]

육유(송)

뜻대로 되지 않는 것이 골프라며 한숨을 내쉰다. 그런대로 잘 맞던 샷이 갑자기 달라졌는지 모르겠다는 것이다. 그 원인은 그렇게 복잡하지 않다. 그 골퍼의 연습 부족과 맨털 취약이 빚어낸 소치이다. 하지만, 자식과 골프는 한 번 인연을 맺은 이상 그 전으로 돌아가기 어렵다고 하지 않았던가! 이미 골프와 인연을 맺었으니, 뜻대로 되지 않는다고 자책하거나 분노해서 될 일이 아니다. 겸허하게 자신의 상태를 받아들이되 포기하지 않는 것이 골프와 동반자에 대한 예의이리라.

남송시대의 문인인 육유(陸游)의 시구는 이러한 골퍼에게 희망의 가르침을 전한다.

산과 물이 다하여 길이 없을 것 같은데,
어두운 버들 너머 저편에 꽃마을이 있구나.

山窮水盡疑無路, (산궁수진의무로)
柳暗花明又一村. (유암화명우일촌)

산길을 따라 걷는데 막다른 곳이 나올 수 있다. 강을 따라 배를 타고 가는데 물이 점점 얕아질 수 있다. 더 나아갈 수 없는 절망감은 말로 표현하기 어렵다. 게다가, 날마저 어두워지는 시간이라면 수심은 더욱 커진다. 이런 상황에서, 건너편 멀지 않은 곳에 꽃들이 밝게 피어 있는 마을이나 산장을 발견한다면, 희망의 서광을 받아 긍정적인 방책을 생각하지 않을 수 없다. 이 시구는 절망과 실의의 국면에서 희망과 긍정의 경지로 이끌어준다. 또한, 문제에 대한 해결책을 탐색하여 목표를 달성할 수 있도록 지름길을 안내해 준다.

중국 사람들이 자주 인용하는 아래 격언(格言)도 뜻대로 되지 않아 힘들어 하는 골퍼에게 낙관적인 자세를 가지라고 충고한다.

수레가 산 앞에 이르러도 돌아갈 길이 필히 있으며,
배가 다리 밑에 이르러도 순조로이 지나갈 수 있으리라.

車到山前必有路, (차도산전필유로)
船到橋頭自然直. (선도교두자연직)

주말 골퍼들이 왕왕 몇 홀의 실수로 만족스럽지 않을 경우 "안 되는 날이나 보다. 오늘은 어쩔 수 없구나!"라고 자포자기한다. 그렇다고 해서 이런 골퍼를 위로해 주는 코스는 없다. 라운드를 포기하지 않는 것은 남은 홀에서 정상의 상태로 회복하려는 노력을 의미한다. 단시간에 완전한 회복을 기대하기보다는 포기하지 말되 느긋한 마음을 가다듬는 게 중요하다. 의외의 성과가 기다리고 있다는 긍정과 낙관의 자세로 임하되 포기의 유혹에서 벗어나자.

사회생활을 하다 보면 뜻대로 되지 않는 경우가 뜻대로 되는 경우보다 더 많다. 당초의 계획이나 전제에 오류가 있었을 수 있고, 실행의 방향이 원칙에서 벗어났을 수 있다. 또한, 여러 상황이 예상과 달라졌을 수도 있다. 하지만, 그 상태에서 해결 방안을 모색하는 것과 중도에 포기하는 것 사이에는 천양지차(天壤之差)의 결과가 생긴다. 육유(陸游)의 위 시구나 위 격언이 우리에게 훈계하는 것도 이러한 점이다.

작자
- 육유(陸游): 1125~1210, 남송 시인
- 유산서촌(游山西村): 기행서정을 읊은 칠언율시(七言律詩)

한자
- 柳暗花明又一村 − 陸游(宋), 游山西村
  [류암화명우일촌 − 육유(송), 유산서촌]
- **어두운 버들 너머 저편에 꽃마을이 있느니라.**
- 柳: 버들 류, 暗: 어두울 암

05

하늘이 맨털을 흔드는
이유가 있느니라

하늘이 그 사람에게 큰 일을 맡길 때에는
반드시 먼저 마음과 의지를 힘들게 한다.
[天將降大任于斯人也, 必先苦其心志]
맹자

필자는 맨털이 상당히 약한 편이다. 어느 지인은 필자에게 난초
화가란 별명을 지어준 적이 있다. 티샷이 슬라이스와 훅을 번갈아
가며 OB나 해저드에 들어간 때가 워낙 많아서이다. 스윙이 주된 원
인이라고 할 수 있지만, 근본적인 원인은 취약한 맨털이다. 맨털의
취약성은 도처에서 발현된다. 스트로크 게임이라도 하는 날이면 그
압박은 훨씬 크게 다가온다. 샷마다 맨털의 영향에서 벗어날 수 없
음을 무겁게 느낀다. 라운드 내내 긴장감이 도처에 흐른다. 표정이
나 대화, 또는 걸음걸이에서도 여유를 찾기 어렵다.

취약한 맨털을 이겨내는 것은 골퍼에게 영원한 과제이다. 맨털
은 육안으로 보이지 않는 수개의 원자운동과 같은 듯하다. 빠르게

변하고 그 주기나 진폭도 다르다. 맨털은 추상적이면서도 내적인 영역의 문제여서 영향을 받는 주체에 의해서도 차이가 크다. 거기에, 대회의 규모, 상금의 다소, TV 중계 여부, 갤러리 수나 방해 유무, 일기 상태 등의 요인이 더해지면, 맨털의 압박정도는 훨씬 가중된다. 주말 골프의 경우에는 프로에 비하여 맨털에 영향을 주는 요인들이 대폭 줄어들 것 같으나 꼭 그렇지는 않다.

맹자의 한 구절은 이러한 맨털의 의미에 대하여 발상의 대전환을 요구한다. 하늘이 어떤 사람에게 큰 일을 맡길 때에는 반드시 먼저 마음과 의지를 힘들게 한다는 것이다(天將降大任於斯人也, 必先苦其心志).

이 구절은 하늘이 그 사람에게 마음과 의지를 힘들게 하는 것은 큰 일을 맡기기 위한 준비의 신호이자 발전의 과정이라는 뜻으로 이해된다. 하늘이 아무에게나 이와 같이 마음과 의지를 힘들게 하지 않는 것으로 볼 수 있다. 하늘에서 그 대상의 품성이나 행적 또는 성실성이나 잠재력 등을 깊이 있게 살펴봤다는 의미도 함축되어 있다.

또한, 원문의 구성상 마음과 의지에 대해 시련을 준다는 부분이 근골을 힘겹게 하고 몸을 굶주리게 한다(勞其筋骨, 餓其體膚 / 노기근골, 아기체부)는 구절보다 앞서 기술되어 있다. 맨털의 영역을 육체의 영역보다 우선순위에 두고 있다는 것이다. 큰 일을 맡아내는 데 있어서 맨털의 중요성이나 비중이 더 크다는 점을 알 수 있다.

맹자의 이 구절을 골프에 적용해 보자. 원문에서 "필히 먼저 마음과 의지(心志)를 힘들게 한다."는 것은 골퍼에게 일정한 수준에 이르거나 최고의 순위에 오르기 전에 반드시 맨털을 흔든다는 것으로 해석할 수 있다. 그러나 이렇게 힘겨운 상황에 직면하여 겪는 고통의 의미에 대하여 발상의 대전환을 요구하는 것으로도 접근해 볼 수 있다.

프로 골퍼의 경우 하늘이 그 골퍼에게 2군에서 1군으로, 상위권에서 우승으로, 일반대회의 보통 성적에서 메이저대회의 좋은 성적으로 한 단계 또는 여러 단계 도약하도록 하기 위한 수행과 발전의 과정이다. 또한, 주말 골퍼의 경우 하늘이 그 골퍼에게 더 나은 스코어나 베스트 스코어 또는 샷의 질적 수준을 높이도록 하기 위한 성장과정이다.

맹자의 가르침에 따라 맨털의 의미를 깨닫게 되었다면, 골프를 통하여 질적 수준이나 양적 수치를 높이라는 하늘의 엄명(嚴命)을 겸허하게 받아들이도록 노력해 보자. 맨털 극복을 위한 수행 과정에서 더 적극적이면서 낙관적으로 임할 수 있지 않을까 생각한다. 이는 맨털 극복을 위한 추상적 노력이므로, 전문가의 교습에 따라 구체적인 수행이 이어져야 하겠다. 그렇지 않으면 다시 원점으로 돌아가 정신적 압박의 소용돌이에서 시련을 겪게 될 것이다.

인생살이에서도 마음고생이 계속되는지 가슴 아파하며 하늘을 쳐다보는 경우가 있다. 맹자의 가르침대로, 하늘이 그 사람에게 큰일을 맡기려는 준비 신호이자 발전의 과정이니 발상의 대전환을 진지하게 모색하자. 맹자의 구절들 중에서 중국 사람들이 자주 애송하는 이유도 여기에 있으리라.

문헌

- 맹자(孟子): B.C.372~289, 맹가(孟軻), 전국시대 추나라 사상가, 유가 학파
- 맹자(孟子): 맹자가 제후들에 대한 유세와 제자들과의 대화를 기술한 책

한자

- 天將降大任於斯人也, 必先苦其心志 − 孟子, 告子下
  [천장강대임우사인야, 필선고기심지 − 맹자, 고자하]
- **하늘이 어떤 사람에게 큰 일을 맡길 때에는 반드시 먼저 마음과 의지를 힘들게 한다.**
- 將: 장차 장, 降: 내릴 강, 斯: 이 사, 苦: 쓸 고

06

맨털의 맛을 알고나면
가을이 보이니라

고뇌의 맛을 알고 나니 시원한 가을이 보이네.

[而今識盡愁滋味, 卻道天涼好個秋]

신기질(송)

라운드 중에 수시로 다가오는 정신적 압박의 '맛'은 어떨까? 쓰디 쓸 때, 달디 달 때, 그저 그럴 때도 있다. 그 상황을 지혜롭게 이겨 냈을 때는 희열과 행복의 단맛을 띤다. 이겨내지 못하고 무너졌을 때는 자책과 실망의 쓴맛을 띤다. 달기보다는 쓰게 다가오는 경우가 더 많다. 그러나 그 맛이 절대불변의 것은 아니다. 상당기간 쓰다가도 최선의 연습이나 수행을 거친 후에는 달라질 수 있기 때문이다. 그래서, 정신적 압박의 진정한 맛은 처음에 느낀 맛을 초월한 이후의 맛이리라.

정신적 압박의 '멋'도 생각해 볼 만하다. 정신적 압박이 다가온 때부터 결과가 발생하기까지 일련의 과정이나 그 결과에서 드러나는 품격(品格)이라 할 수 있다. 과정이나 결과에 대하여 일희일비하거나 가볍게 반응하는 경우에는 멋의 단계에 이르지 못한 것이다. 이와 달리, 초연하면서도 중후하고 오만하지 않으면서도 분위기에 조화를 이루는 경우에는 상당한 멋의 단계에 도달한 것이다. 핸디캡이 낮거나 버디를 많이 한다고 하여, 멋이 있는 것이 아니다. 핸디캡이 높거나 보기 이상을 자주 한다고 하여, 멋이 없는 것도 아니다.

정신적 압박의 '맛'은 골퍼 자신이 내적으로 느끼는 것이고, 그 '멋'은 외적으로 드러나는 것이라 할 수 있다. 또한, 그 맛은 라운드 결과에 대하여 느끼는 감정이라고 한다면, 그 멋은 라운드 과정의 표정이나 언동에 드러나는 품격이라 할 수 있다.

이러한 맛과 멋에 대하여, 남송시대 신기질(辛棄疾)의 추노아(醜奴兒)라는 사(詞)는 골퍼에게 깊은 울림을 준다.

어렸을 땐 고뇌의 맛을 몰랐네.
높이 오르는 것만 좋아하고 좋아했지.
고뇌의 글을 쓰노라면 힘이 넘쳐 댔지.

少年不識愁滋味. (소년불식수자미)
愛上層樓, 愛上層樓. (애상층루, 애상층루)
爲賦新詞強說愁. (위부신사강설수)

이제는 고뇌의 맛을 알게 되었네.
고뇌를 얘기할까? 에이, 관 두자.
날씨도 시원하고 멋진 가을이로구나.

而今識盡愁滋味. (이금식진수자미)

欲説還休, 欲説還休. (욕설환휴, 욕설환휴)

卻道天涼好個秋. (각도천량호개추)

　　이 사(詞)에서 고뇌의 맛을 체득하기 전과 후가 절묘하게 대비된
다. 어렸을 땐 과시나 자랑이 앞선다. 글을 쓰든, 말을 하든, 이미
상당한 경지에 도달한 것인 양 자만이 넘치는 모습이다. 그러나 힘
겨운 인생 여정을 걸어온 '지금'에 이르러서는 고뇌의 맛에 대하여
초연한 모습, 달관의 경지에 이른 자태가 돋보인다. 어렸을 땐 맛과
멋이 조화를 이루기 어려웠으나, 지금에 와서는 맛과 멋이 자연스
럽게 조화를 이룬다. 그래서 굳이 얘기하거나 자신을 드러내지 않
고도 시원해서 좋은 가을로도 고뇌의 의미를 아우르는 경지에 이른
듯하다.

　　이 사(詞)가 울림을 주는 고뇌의 맛과 멋은 골프에서 정신적 압박
의 맛과 멋으로 발현될 수 있다. 그러면, 맨털과 동작에서 일관되면
서도 은은한 품격이 시나브로 드러나고, 적잖은 가르침을 주면서 상
당한 부러움을 자극할 것이다. 향기 그윽한 가을을 거닐며 라운드의
단맛과 골퍼의 참멋을 향해 가슴을 펼칠 만하다.

　　사회생활에서도 여러 사람을 대하다 보면 그 사람의 맛과 멋이
다양하게 드러난다. 가벼운 맛과 화려한 멋을 가진 사람도 적지 않
다. 그러나, 심오한 맛과 우아한 멋을 지닌 사람은 오랫동안 은은한
향기를 풍긴다. 신기질(辛棄疾)의 사(詞)가 삶의 맛과 멋에 대해서
다시금 생각하게 한다.

작자

- 신기질(辛棄疾): 1140~1207, 남송 시인, 사인(詞人)
- 추노아(醜奴兒): 신기질이 탄핵된 후 은거생활 때 지은 사(詞)

한자

- 而今識盡愁滋味, 卻道天涼好個秋 ― 辛棄疾(宋), 醜奴兒
  [이금식진수자미, 각도천량호개추 ― 신기질(송), 추노아]
- **고뇌의 맛을 알고 나니 시원한 가을이 보이네.**
- 識: 알 식, 盡: 다할 진, 愁: 근심 수, 滋: 자랄 자, 卻: 도리어 각, 道: 말할 도

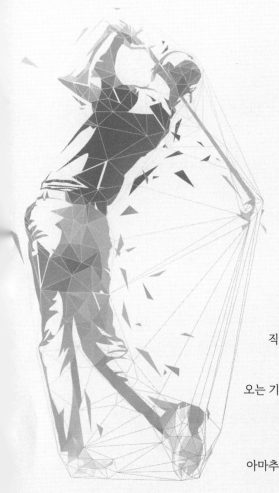

제 **6** 장

승리와 불패의
경기 비결

골프 게임에서 승부는 나기 마련이다.

직업과 취미에 따라 색깔이 다를 뿐이다.

자신을 이기고 흐름을 타라.

오는 기회는 놓치지 말되, 집착에서 벗어나라.

불리한 상황에서는 반전을 모색하라.

그러면, 프로는 승리의 미소를,

아마추어는 불패의 여유를 즐길 수 있으리라.

01

강자를 이기려면
자신을 이겨라

강적을 이길 수 있는 자는 먼저 자신을 이기는 자이니라.

[能勝强敵者, 先自勝者也]

상앙

골프는 동반자들과 함께 하는 단체게임이지만, 한편으로는 자신
과 겨루는 개인게임이기도 하다. 두 가지 형태의 게임은 분리되어
있는 것이 아니라 합일된 상태로 진행된다. 그러다 보니 자신과의
게임이 흔들리면 동반자들과의 게임에서도 흔들리기 마련이다. 그
원인은 대부분 자신의 동작 문제나 맨털의 불안정에서 발생한다.

게임은 게임인 이상 승부가 나기 마련이다. 어떤 종류의 게임이
든 게임에서 진다는 것은 그다지 내키지 않는 일이다. 그렇다고 기
를 쓰고 이기겠다는 모습도 고상해 보이지 않는다. 자연스럽게 즐기
면서도 지지 않을 수 있다면 고수임이 분명하다. 이를 위해서는 어
떤 전략을 펼쳐야 할 지 고민된다.

전국시대 법가(法家)의 창시자인 상앙(商鞅)은 상군서(商君書)에서 "강적을 이길 수 있는 자는 먼저 자신을 이기는 자이다(能勝强敵者, 先自勝者也)."라고 강조한다. 강적이나 강한 상대를 이기기 위해서는 먼저 자신의 문제점이나 취약점을 제대로 파악하여 주도면밀하게 보완한 후, 체계적으로 전략을 수립하고 구체적으로 방법을 마련하여 실행에 옮기라는 것이다.

또한, 도덕경(道德經)에서 "남을 이기는 자는 힘이 있지만 자신을 이기는 자는 강하다(勝人者有力, 自勝者强 / 승인자유력, 자승자강, 33장)."라고 하였는데, 같은 가르침을 준다. 이에 대하여, 소철(蘇轍)의 해석은 이해를 돕는다. 남을 이긴다는 것은 자신의 능력이나 힘이 남보다 세다는 것이다. 그러나, 자신을 이긴다는 것은 진정한 강자로서 자신의 약점이나 결함을 이겨내고 그 자제력이나 항심(恒心)을 시험한 후 자신의 편견이나 이기심을 극복하는 것이라고 풀이한다 (주석 1).

상군서나 도덕경의 구절들에 의하면, 골프에서 자신을 이기는 동작과 맨털을 확보하라는 것이다. 즉, 동작에서는 이미 제4장에서 언급한 바와 같이 유연하게 스윙하고 사소한 오차도 생기지 않도록 철저하게 연습하여 포정(庖丁)의 경지에 이를 만큼 숙련하는 것이다. 맨털에서는 제5장에서 기술한 바와 같이 담대함과 평정심, 그리고 무심 상태를 견지하는 것이다.

프로세계에서 자신을 이기거나 이기지 못한 예들을 볼 수 있다. 자신을 이긴 예로는 '제5장 1. 담대하게 이겨내라'에서 예시한 바와 같이, 극도의 긴장이 지속되는 연장전에서 우승한 경우를 들 수 있다. 박세리는 공식대회의 연장승부에서 여섯 차례나 우승을 거머쥐어 연장 불패의 기록을 가지고 있으며, 김세영은 다섯 차례의 연장 승부에서 네 차례 우승을 하여 강자의 면모를 과시했다(주석 2). 반면에, 자신을 이기지 못한 예로는 평정심이 무너진 경우를 들 수 있다. 어니 엘스는 2016년 마스터스대회 1라운드 1번홀(파4)에서 약 60cm밖에 되지 않음에도 식스펏이나 했고(주석 3), 로리 매킬로이는 2011년 마스터스대회 마지막 라운드 12번홀(파3)에서 포펏을 한 바 있다(주석 4).

프로 골퍼도 위와 같이 자신을 이기기 어렵고, 그에 따라 경기결과가 만족스럽지 못한 경우가 허다하다. 하물며, 주말 골퍼는 자신을 이기지 못할 가능성이 더 높다고 하겠다. 하지만, 주말 골퍼가 족함과 그침을 알고 동작과 맨털의 기본을 지키기 위하여 최선을 다하는 것이야말로 자신을 이기는 방도이다. 동시에, 동반자들에게 지지 않으면서 라운드를 즐길 수 있는 지름길이기도 하다.

경쟁이 치열한 현대사회에서 수많은 경쟁상대를 이기려면 자신을 이겨야 한다. 즉, 적시에 자신의 문제점을 세밀히 분석한 후 실행 가능한 보완책을 수립하여 자신만의 강점을 살린다면 자신을 이기는 것이다. 상군서와 도덕경의 가르침을 명심할 일이다.

문헌

- 상앙(商鞅): B.C.390~338, 전국시대 진나라의 법가를 대표하는 정치가
- 상군서(商君書): 상앙의 법가에 대한 주저(主著). 상자(商子)라고도 함.
- 노자(老子): B.C.571~?, 이이(李耳), 춘추시대 초나라 사상가, 도가 시조
- 도덕경(道德经): 노자가 저술한 것으로 알려짐. 도가의 경전. 노자라고도 칭함.

주석

1) 老子道德經全文解析及通俗譯文, https://www.5000yan.com/33.html
2) 김지한(2021.11.15.), '4전 전패' 렉시 톰슨 vs '6전 전승' 박세리, 중앙일보, https://www.joongang.co.kr/article/25023801#home
3) 김종석(2016.4.8.), 스피스, 마스터스 1R 6언더파 단독선두… 어니 엘스 6퍼팅 수모, 동아일보, https://www.donga.com/news/article/all/20160408/77480286/1?comm
4) 최송아(2011.4.11.), 마스터스, '신성' 매킬로이 우승문턱서 '와르르', 연합뉴스, https://m.yna.co.kr/view/AKR20110411046600007

한자

- 能勝强敵者, 先自勝者也 − 商鞅, 商君書
  [능승강적자, 선자승자야 − 상앙, 상군서]
- **강적을 이길 수 있는 자는 먼저 자신을 이기는 자이니라.**
- 勝: 이길 승, 敵: 대적할 적

02

라운드의
흐름을 타라

전쟁을 잘 하는 자는 형세를 추구한다.

[善戰者, 求之于勢]

손자병법

골프 게임의 성패는 형세를 유리하게 끌고 가느냐에 달려 있다. 형세는 게임에 타고 흐르는 기세다. 골퍼가 상승하는 기세를 탄다면 전반적인 게임내용이 순조롭게 전개된다는 것이다. 주말 골퍼는 초반의 적응과정을 다진 후 순조로운 흐름을 타다가 사소한 실수로 어려운 지경에 빠지는 경우가 많다. 그 후에 흐름을 놓친 데 대해 못내 아쉬워한다. 프로대회에서도 흐름을 타지 못하거나 흐름을 타다가도 순간적인 미스샷으로 회복하지 못하는 경기를 볼 수 있다.

이러한 상황에 대하여, 손자병법(孫子兵法)은 "전쟁을 잘하는 자는 형세를 추구한다(善戰者, 求之于勢)."라고 충고한다. 즉, 전쟁을 잘 하는 자는 작전을 준비하는 과정에서 치밀하게 상황을 분석한 후 유리한 형세를 조성하여 승리로 이끈다는 의미이다. "세(勢)"라는 글자도 집(執)자와 역(力)자를 합성한 것으로서 힘의 흐름에 따라 그 모양이나 방향을 확보하거나 포착하는 것으로 해석할 수 있다.

프로 골프에서 선수가 손자병법의 가르침대로 경기의 기세나 흐름을 자기에게 유리한 방향으로 지혜롭게 이끌어 가는 것이 쉽지 않다. 이러한 경기의 흐름을 상승하는 방향으로 이끄는 데는 코스의 지형이나 상태, 정신적 압박, 그리고 같은 팀 선수의 경기상황 등에 의하여 커다란 영향을 받기 때문이다. 특히, 맨털의 요소가 크게 작용하게 되므로, 먼저 상승세(上昇勢)를 확보하고 유지하기 위해서는 경기상황에 대하여 흔들리지 않는 평정심과 위기가 오더라도 이겨내겠다는 강인함을 견지해야 한다.

PGA대회에서 경기의 상승세를 잘 유지하여 우승에 이르거나 그렇지 못하여 우승을 놓치는 경우들이 많다. 두 측면을 드러내주는 선수로는 조던 스피스를 들 수 있다. 2017년 7월, 디오픈대회 4라운드에서 2위 맷 쿠차와 3타차 선두로 시작하기까지 경기 흐름을 잘 이끌어왔다. 그러나 4라운드 시작 후 13번 홀까지 이러한 경기 흐름을 놓치면서 선두를 빼앗기기도 하였다. 스피스는 14번 홀에 이르러 버디와 이글을 잡는 등 상승세를 회복하면서 3타차 우승을 일구어냈다(주석 1).

그로부터 1년 전에, 스피스는 경기 흐름의 붕괴로 다잡은 우승을 날리기도 하였다. 2016년 4월, 마스터스대회 4라운드에서 2위와 5타차 선두로 시작하여 전반까지 경기의 흐름을 순조롭게 이끌어 왔다. 후반 12번 홀에서 쿼드러플보기를 하는 등 경기 흐름이 붕괴되면서 우승을 놓치고 말았다. 스피스는 경기 후 인터뷰에서 "상승세를 어떻게 유지할 수 있는가에 대해서 이해하게 됐다."라고 말하여 경기 흐름의 중요성을 강조하였다(주석 2).

주말 골프에서 경기의 흐름을 상승하는 방향으로 이끌거나 유지하는 골퍼를 보면 참 부럽다. 이러한 흐름을 놓친 경우에는 땅 속에 있는 핸디캡 귀신이 나왔다고 변명하기도 한다. 그러나, 상승세를 탄 이후에 붕괴되는 주원인은 맨털이라 할 수 있다. 과도한 의욕이나 지나친 긴장감, 또는 순위나 딴 돈 등에 대한 집착을 들 수 있다. 이와 달리, 아슬아슬한 위기를 지혜롭게 넘겨서 마지막 홀까지 경기 흐름을 유지해 가는 경우도 꽤 있다. 순조로운 경기 흐름으로 골프의 즐거움을 만끽할 때, 넘치는 감정을 과도하게 드러내기보다는 골프에 대한 경외감과 자신의 품격을 잊지 않았으면 한다.

연구 또는 프로젝트의 영역에 있어서도 흐름을 유리하면서도 효율적인 방향으로 확보하고 유지하느냐가 관건이다. 이러한 흐름을 유지한다면 만족스런 성과를 도출할 수 있을 것이다. 손자병법(孫子兵法)의 흐름에 대한 충고를 깊이 헤아려 활용할 만하다.

문헌

- 손자(孫子): B.C.545~470, 손무(孫武), 춘추시대 전략가
- 손자병법(孫子兵法): 손무가 저술한 병법서

주석

1) 성호준(2017.7.24.), 디오픈 우승 조던 스피스, 13번 홀에서 생긴 일, 중앙일
보, https://www.joongang.co.kr/article/21782409#home
2) (2016.4.11.), [2016마스터스골프] 조던 스피스, 최종일 12번 홀(파3)에서 7
타 쳐 '쿼드러플보기', 아주경제, https://www.ajunews.com/view/2016041
1080228834,

한자

- 善戰者, 求之于勢 — 孫子兵法, 勢
  [선전자, 구지우세 — 손자병법, 세]
- **전쟁을 잘 하는 자는 형세를 추구한다.**
- 善: 잘할 선, 戰: 싸울 전, 勢: 기세 세

03

집착하면
이길 수 없느니라

강경하게 고집을 부리며 자신만이 옳다고 여기다.

[剛愎自用]

좌전

    골프에서 집착의 형태는 다양하나 그 결과는 비슷하다. 라운드를 앞두고 드라이버 거리보다는 아이언의 정확도에 신경을 쓰거나 쓰리펏을 줄이겠다고 다짐한다. 그러나, 동반자의 장타를 보는 순간, 이 다짐은 물거품이 되고 만다. 좋은 아이언샷으로 3미터 거리에 파 온을 하게 된다. 하지만, 내리막 경사를 신경 쓰지 않고 버디 의욕만 앞선 나머지 쓰리펏에 보기를 하며 한숨을 쉰다. 스코어에 대한 집착은 더 심하게 드러난다. 100파를 앞두고 있을 때나 90대에서 80대로 넘어갈 때에 집착이 앞선다. 싱글에 진입할 때에는 더 크게 다가온다. 완벽한 스윙, 근력 키우기, 힘 빼기와 같은 특정 동작에도 집착하는 경우가 적지 않다. 그러나 집착의 결과는 골퍼에게 부정적 결과로 치닫게 된다.

춘추시대 역사서인 좌전(左傳)의 강퍅자용(剛愎自用) 고사는 이러한 골퍼들에게 집착을 버리지 않으면 큰 어려움에 처하게 된다는 점을 시사한다.

　　기원전 597년, 초(楚)나라가 정(鄭)나라를 공격하자, 정양공은 초장왕에게 공물을 바치면서 강화를 했다. 진(晉)나라가 군대를 보내 정나라를 지원하였는데, 진나라 군대가 남하하여 황하에 당도했을 때서야, 정나라가 이미 초나라와 강화를 했다는 정보를 들었다. 진나라 장수인 순림보(荀林父)는 철병하되 초나라 군대의 복귀 상황을 본 후 정나라를 공격하자고 했다. 이에 대하여, 부장수인 선곡(先穀)은 장수에게 "정나라가 진나라를 배신하고 초나라와 강화한 것을 보았는데, 방관하면 어떻게 용감하다고 할 수 있겠습니까? 우리가 패자 지위를 잃는 것은 죽는 것이나 다름 없습니다."라고 완강하게 반대하였다.

　　그후, 선곡은 자신 휘하의 부대를 이끌고 황하를 건너 진군하였다. 장수도 다른 부하들의 의견을 취합하여 황하를 건넜다. 초나라 군대가 북상하려 할 때, 초나라 왕은 진나라 군대가 이미 황하를 건넜다는 정보를 듣고 퇴각하려 하였다. 초나라 왕의 심복인 오삼(伍參)은 왕에게 "진나라의 부장수인 선곡이 강한 집착을 보이며 장수의 명령을 따르려 하지 않습니다. 이러하니 진나라 군대는 필히 패하게 될 것입니다."라고 간언하였다. 초나라 왕은 오삼의 설득력 있는 간언에 따라 진(晉)나라와 대전을 벌였다. 진나라는 부장수 선곡(先穀)의 집착 등으로 인하여 초나라에게 대패하고 말았다(주석 1). 핵심 인물의 강경한 집착이나 완강한 고집이 전투의 승패를 좌우함을 알 수 있다.

강퍅자용 고사는 집착이 강한 골퍼에 대하여 적잖은 가르침을 전한다. 골프에 대한 집착으로 주위의 충고나 의견을 도외시하면 실수가 반복되는 것은 분명하다. 이 때문에, 대부분의 주말 골퍼들은 라운드 후 집착의 문제점을 떠올릴 것이다. 하지만, 이러한 집착이 계속되는 병폐는 집착에서 탈피하려는 의지가 부족한 데서 비롯된다. 그 의지는 뼈 속 깊이 성찰하는 계기와 더불어 전문가의 교습이 수반되어야 한다. 주말 골프가 본업도 아닌데, 중대 계기를 바탕으로 교습을 통한 치유가 어찌 쉬우랴! 그러하니 골프 수준을 올리기 어려운 것이고, 자신의 수준에 안주하며 집착하는 모습이 은연중에 드러나는 것이라 생각된다.

강경한 집착과 완강한 고집을 넘어 강박의 단계에 이르면, 골프는 즐거움이 아니라 고통이다. 골프를 시작할 때의 기대와 마음가짐을 되새기면서 가장 즐거웠던 행복 라운드를 떠올려 보면 좋을 듯하다. 집착에서 멀어지는 방도이기도 하다.

기업이 특정 업종이나 프로젝트에 대하여 집착을 보이는 경우가 있다. 업무를 처리할 때 방향이나 방식에 대하여 집착을 보이기도 한다. 이처럼 집착한다면 일을 그르치기 일쑤다. 강퍅자용(剛愎自用)의 고사를 반면교사로 삼을 만하다.

문헌

- 좌구명(左丘明): B.C.556~452, 춘추시대 노나라 역사가
- 좌전(左傳): 공자가 편찬한 것으로 전해지는 춘추(春秋)의 주석서

주석

1) 5068教學資源網(2017.12.17.), 剛愎自用的歷史故事及人物介紹, https://www.5068.com/gs/lishi/446467.html?ivk_sa=1024320u

한자

- 剛愎自用 － 左丘明, 左傳
  [강퍅자용 － 좌구명, 좌전]
- **강경하게 고집을 부리며 자신만이 옳다고 여기다.**
- 剛: 단단할 강, 愎: 완고할 퍅

기회를 놓치면
다시 오지 않느니라

시기는 얻기 어렵고 잃기 쉬우니라. 시기여, 다시 오지 않구나.

[時者難得而易失也. 時乎時, 不再來]

사기

필자는 2012년 8월 이천 소재 뉴스프링빌CC 알프스코스 7번홀 (파3)에서 버디를 잡았다. 8번홀(파5)에서 칩샷으로 행운의 버디가 이어졌다. 9번홀(파4)의 티샷지점에 들어서니 사이클버디에 대한 욕심이 생겼다. 9번홀은 거리가 짧은 편이나 페어웨이가 좁아서 정교한 티샷을 요했다. 아니나 다를까, 과도한 긴장으로 티샷 공이 왼쪽으로 감기면서 언덕 방향의 나무를 맞고 경사에 떨어졌다. 두 번째 샷의 전방에는 페어웨이가 좁은 데다 우측에 워터해저드가 있어서 파 온을 기대하기 어려웠다. 그러나, 다행히도 두 번째 친 공이 그린 입구에서 한 번 튕기더니 홀로부터 3미터 지점에 멈춰 섰다. 슬라이스 경사였지만 오르막 펏을 남겨두고 있어서 사이클버디에 대한 의욕이 다시 타올랐다. 홀의 좌측 끝을 보고 펏을 하였으나 경사를 너무 많이 본 나머지 사이클버디의 찬스는 아깝게 사라지고 말았다.

사마천(司馬遷)의 사기(史記)에 "시기는 얻기 어렵고 잃기 쉬우니라. 시기여, 다시 오지 않구나(時者難得而易失也. 時乎時, 不再來)!"라는 명구가 있다. 여기에서 시기(時機)는 타이밍이나 기회를 의미한다. 기회는 놓치면 다시는 오지 않는다고 충고한다. 즉, 미리 구체적 분석을 토대로 치밀한 전략을 수립한 후 기회가 왔을 때 성심껏 실행에 옮겨 기회를 잡으라는 것이다. 구오대사(舊五代史)에서도 "기회는 놓칠 수 없고, 시기는 다시 오지 않는다(機不可失, 時不再來)."라고 강조하며 위와 같은 가르침을 전한다.

중국 역사에서도 이 명구에 관한 고사들을 볼 수 있다.

먼저, 건국의 기회를 놓친 한신(韓信)의 예이다. 기원전 203년, 한나라 장군인 한신은 제나라를 멸망시킨 공으로 유방(劉邦)에 의해 제왕에 봉해졌다. 한신의 책사인 괴철(蒯徹)은 천하의 형세를 분석한 후 한신에게 "장군은 영향력이 가장 큰 인물이니 유방을 따르지 마시기 바랍니다. 나라를 세우면 초나라, 한나라와 함께 천하를 셋으로 나눌 수 있습니다."라고 권했다. 괴철은 이러한 기회를 놓칠 수 없고 시기는 다시 오지 않을 것임을 알았던 것이다. 그러나 한신은 괴철의 권고를 받아들이지 않아 건국의 기회는 사라졌다(주석 1).

다음으로, 치밀한 준비로 천하 평정의 기회를 잡은 예이다. 당고조(唐高祖) 이연(李淵)은 촉군(蜀郡, 현 四川省 소재)을 점령하기 위하여 장군 이정(李靖)과 군대를 보냈다. 그 곳의 우두머리인 소선(蕭銑)은 이정의 공격 정보를 파악하였으나 장강을 건너기 어렵다고 생각해 안일하게 대처하였다. 그러나, 이정은 치밀하게 준비한 후 적시에 장강을 건너는 기회를 잡았다. 이어, 신속한 공격으로 수만 명의 적군을 죽이고 4백여 척의 배를 포획하는 전과를 올렸다(주석 2). 두 예는 치밀한 정세분석을 바탕으로 기회를 잡느냐, 아니면 놓치느냐를 잘 대비해 준다.

프로골프에서도 다잡은 기회를 놓친 후 다시는 근접하지 못한 예가 있다. 장 방 드 벨드(프랑스)는 1999년 브리티시오픈 최종라운드 마지막 홀에서 더블보기만 해도 우승할 수 있었다. 그러나, 러프와 개울, 벙커의 지옥을 지나며 트리플보기를 범한 후, 폴 로리(스코틀랜드)와의 연장전에서 최악의 역전패를 기록하였다. 또한, 스콧 호크(미국)는 1989년 마스터스대회 연장 첫 번째 홀에서 76cm의 펏을 놓쳐 다음 홀에서 닉 팔도(잉글랜드)에게 패하고 말았다(주석 3). 그 후 그들에겐 메이저대회의 우승 기회가 오지 않았다. 반면에, 김인경은 2012년 나비스코챔피언십대회 마지막 홀에서 약 30cm의 펏을 넣지 못해 다잡은 기회를 놓쳤으나 5년간의 수행 끝에 강인함을 회복하여 브리티시여자오픈에서 우승을 일구어내기도 했다.

주말 골퍼에게도 여러 기회들이 올 수 있다. 여기엔 사이클버디, 최저타 등을 들 수 있다. 이러한 기회는 준비된 골퍼의 것이다. 평소에 동작과 맨털을 다져 두자. 그 기회가 오면 준비된 내공으로 기회를 잡도록 하자. 그날은 인생 골프의 향연이 열리리라.

사업, 체육, 연구 등 다양한 영역에서 절호의 기회를 잡아 뉴스에 오르기도 한다. 기회가 오기 전에 철저하면서도 충분히 준비를 다하지 않았다면 스쳐 지나가는 바람에 불과하다. 이처럼 지나가 버린 기회는 다시 오지 않으니 사기(史記)의 교훈을 깊이 헤아리자.

문헌
- 사마천(司馬遷): B.C.145~86, 서한 역사가. 동양역사학의 시조
- 사기(史記): 사마천이 편찬한 역사서로 정사의 으뜸으로 평가됨.

주석
1) 觀古看今朝(2020.4.22.), 機不可失失不再來, 韓信悔不當初, 簡書, https://www.jianshu.com/p/21bcc4a637a3
2) 無憂考網(2015.6.17.), 關於唐初軍事家李靖的故事, https://www.51test.net/show/5404723.html
3) 김현준(2011.8.6.), 장(Jean)의 자멸, 연출한 커누스티, 아시아경제, https://www.asiae.co.kr/article/2007071912263152799

한자
- 時者難得而易失也. 時乎時, 不再來 － 司馬遷, 史記
  [시자난득이이실야. 시호시, 부재래 － 사마천, 사기]
- **시기는 얻기 어렵고 잃기 쉬우니라. 시기여, 다시 오지 않는구나.**
- 易: 쉬울 이, 乎: 어조사 호

반전(反轉)을
모색하라

창을 휘둘러 해를 돌아오게 하다.

[揮戈返日]

회남자

골프에서 반전(反轉)은 희망을 선사한다. 한 동안 순조롭던 골프가 어인 일인지 갑자기 시련에 빠진다. 현관을 나서며 오늘도 제대로 맞지 않으면 중단하겠다는 마음이 들기도 한다. 몇 홀 동안 적응과정을 거치며 탈 많던 샷이 나아지더니 덤으로 버디 선물까지 받는 경우도 있다. 마음을 비우고 즐기는 자세로 임해서 뜻밖에 만족스런 스코어를 얻은 것이라 할 수 있다. 불가사의한 세계에서 누릴 수 있는 반전의 스토리이리라.

한나라 때의 철학서인 회남자(淮南子)에 휘과반일(揮戈返日)이라는 성어는 반전(反轉)을 모색하는 골퍼에게 그럴듯한 반향을 불러일으킨다. 이 성어를 직역하면, "창을 휘둘러 해를 돌아오게 한다."

는 것이나, 주나라 시대의 고사(故事)가 위 성어의 이해를 돕는다.

주(周)나라 무왕(武王)은 폭군의 대명사인 은(殷)나라 주왕(紂王)을 토벌하기 위하여 제후인 노양공(魯陽公)과 한구(韓构)를 이끌고 맹진(孟津, 현 하남성 낙양)에서 황하(黃河)를 건너려고 하였다. 황하가 역류하고 돌풍이 불어서 병졸과 군마를 구별할 수 없는 지경이었다. 주무왕은 왼손에 도끼를 들고 오른손으로 군기를 휘날리며 "우리는 천하의 폭군을 제거하기 위하여 진군한다. 누가 감히 막을 수 있겠느냐!"라고 함성을 질렀다. 주무왕의 군대는 은주왕(殷紂王)의 군대와 격렬한 전투를 벌였다. 노양공은 전투를 지속할수록 더 용맹을 떨치는 반면에, 은주왕의 군대는 이러한 전세에 밀리고 있었다. 그런데, 날이 어두워지기 시작하면서 전세를 가늠하기 어렵게 됐다. 노양공은 긴 창을 들어 올려 지는 해를 향해 휘둘렀다. 그러자 급반전이 일어났다. 태양이 3개 성좌 정도 되돌아와서 다시 환하게 전장을 밝혀주었다. 주무왕의 군대는 다시 전세를 회복하여 마침내 은주왕의 군대를 격멸하였다(주석 1). 불확실한 국면에서 초인적 신통력으로 대반전을 이루어 낸 것이다.

위 고사는 상당한 과장을 통하여 불리한 국면이나 어려운 상황을 유리한 방향으로 전환시킨 것을 실감나게 보여주고 있다. 원하는 결과를 예측하기 어려운 상황에서 묘책을 고안하여 유리한 상황으로 전환시킴으로써 당초의 목적을 달성할 수 있다는 가르침을 전한다. 이와 관련하여, "패전의 국면을 돌이켜서 승리를 이끈다(反敗爲勝)."라는 성어나, "패전의 상황을 전환하여 공을 세운다(轉敗爲

功)."라는 성어도 이와 유사한 가르침을 전한다.

골프는 위 고사성어의 무대와 상황이 다르지만, 반전(反轉)을 모색하여 당초의 목적에 이른다는 점에서는 흡사하다. 초반에 OB나 해저드 또는 쓰리펏으로 힘겹게 지나오다가 어느 순간 스윙감이 정상으로 돌아올 수 있다. 그러면서 티샷이 페어웨이에 안착하며 연달아 파 온을 하게 되고, 게다가 버디까지 낚게 된다. 이러한 경우라면 반전의 희열을 만끽하지 않을 수 없다. 골프에서 반전은 고난과 시련의 육중한 걸음을 재미와 희망의 경쾌한 산보로 전환시켜 준다. 그래서 누군가 "환골탈테"라고 말했나 보다. '테'니스를 벗어나서 '골'프로 돌아오면 다시는 골프를 떠날 수 없다고.

협상이나 소송에서 불확실하거나 불리한 상황이 유리하게 반전되기도 한다. 이러한 반전은 만족스런 성과로 이끌어준다. 그 동안의 땀을 씻어주는 청량제이기도 하다. 회남자(淮南子)의 고사가 반전의 중요성을 되새기기에 충분하다.

문헌
• 유안(劉安): B.C.179~122, 서한시대 문인, 사상가. 한고조 유방(劉邦)의 손자
• 회남자(淮南子): 유안과 그 문객(門客)이 사료를 수집하여 편찬한 철학서

주석
1) 個人圖書館(2021.11.14.), 魯陽公的悲壯情懷－鄭州日報數字版, http://www.
360doc.com/content/21/1114/08/4461871_1004080635.shtml

한자
• 揮戈返日 － 劉安, 淮南子
　[휘과반일 － 유안, 회남자]
• **창을 휘둘러 해를 돌아오게 하다.**
• 揮: 휘두를 휘, 戈: 창 과, 返: 돌아갈 반

제 7 장

고전이 경고하는
건강안전 수칙

골프의 기본은 건강과 안전이다.
골프는 매력이 넘치지만 위험이 숨어 있다.
준비가 부족하거나 무리하면
부상이 골프를 멀게 한다.
위험의 망각이나 순간의 해이(解弛)는
중상이나 치명상으로 이어진다.
찰나의 실수로 그 즐거운 골프와
영원히 담을 쌓으려 하는가?

01

안전할 때
위험을 잊지 마라

안전할 때 위험을 잊지 마라.

[安不忘危]

여씨춘추

필자의 지인은 몇 년 전 동반자와 수평 지점에서 두 번째 샷을 보고 있는데, 동반자가 심한 생크를 냈다. 그 볼이 지인의 허리 옆으로 지나가는 바람에 큰 부상을 입을 뻔했다. 지인은 가까스로 큰 사고를 피한 후 가슴을 쓸어내렸다. 미국 프로투어의 중계방송에서도 생크가 발생하는 것을 보면 수준에 관계 없이 발생함을 알 수 있다. 그래서, 필자는 라운드할 때마다 동반자가 샷지점의 평행선을 넘어서면 말이 많아진다. 그 지점의 평행선 앞은 타구사고의 위험이 있으니 뒤로 와 달라고 채근한다. 동반자의 수준을 믿지 못해서가 아니다. 만일의 사고를 예방하기 위해서다.

여씨춘추(呂氏春秋)는 이러한 골퍼에게 "안전할 때 위험을 잊지 마라(安不忘危)."고 경고한다. 포숙아(鮑叔牙)의 고사도 이와 일맥상통한다.

춘추시대 때 제상공(齊襄公)이 죽자, 소백(小白)은 생명의 위험을 피해 거(莒)나라에서 제나라로 돌아와 즉위했다. 그가 바로 춘추5패 중 가장 대표적인 제환공(齊桓公)이다. 어느 날, 제환공은 관중(管仲), 포숙아, 영척(寧戚)과 술을 마시는 중에 포숙아에게 "선생은 우리들에게 술 한 잔도 돌리지 않소?"라고 말했다. 포숙아는 술을 들고 일어서서 "군왕은 거나라에서 도피하던 시절의 어려움을 잊지 마시기 바랍니다. 관중은 노나라에서 제나라로 포박되어 후송되던 일을 잊지 말기 바랍니다. 영척은 타인의 이름으로 소를 판 후 왕의 마차 앞에서 노래 부른 일을 잊지 말기 바랍니다."라고 말했다. 제환공은 술자리가 끝난 후 포숙아에게 감사의 예를 갖추며 "짐과 두 대부들이 모두 이 간언을 잊지 않을 것이고, 제나라는 결코 쇠약하지 않을 것이오."라고 말했다(주석 1). 여씨춘추의 구절과 포숙아의 고사는 왕과 대부가 나라를 통치할 때 태평성대를 누리더라도, 대내외적으로 어떠한 위험이 있을 지에 대하여 치밀하게 살핀 후 그 위험이 생기기 전에 적시에 방비하라는 것이다.

논어(論語)에서도 "사람이 먼 훗날을 염려하지 않으면 필히 가까운 시일 내에 우환이 생긴다(人有遠慮, 必有近憂 / 인유원려, 필유근우)."고 충고한다. 이와 같이 여씨춘추의 구절과 같은 고사성어가 많은 것은 그만큼 사람들이 평안할 때 위험을 망각하거나 대비하지 않아 큰 위험으로 고통을 받는다는 것을 잘 드러내 준다.

위 구절과 고사는 위험을 망각한 골퍼에게도 큰 가르침을 준다.

동반자가 각종 샷을 준비할 때에는 위험의 발생 여부에 대하여 신중하게 살펴본 후 안전상 문제가 없는 곳에서 샷을 확인한 후 이동하라는 것이다. 즉, 위험에 대한 망각은 위험에 빠지는 지름길이니 적시에 그 위험성을 확인하여 예방하라는 충고이다. 동반자가 샷을 할 때 다른 동반자에게 그 지점의 평행선을 넘지 말 것을 얘기하는 것이 필요하다. 그 동반자가 듣기 거북하더라도 위험상황들을 상기하여 재삼 경고의 메시지를 보냈으면 한다.

우리 생활 속에서 안전하다고 생각할 때 위험을 망각하는 경우가 많다. 이에 대한 망각으로 위험이 현실화되었을 때 불운하다고 하는 것은 어불성설이다. '위험의 망각'과 '망각의 위험'은 모두 좋지 않은 결과를 초래한다. 여씨춘추의 구절이나 포숙아의 고사를 잊지 말지어다.

문헌
- 여불위(呂不韋): B.C.292?~235, 전국시대 한나라 거상, 진나라 관료
- 여씨춘추(呂氏春秋): 진나라 여불위가 주도하여 춘추전국시대 사상을 편집한 백과사전
- 공자(孔子): B.C.551~479, 공구(孔丘), 춘추시대 노나라 사상가, 유가 시조
- 논어(論語): 공자와 제자들간의 대화록, 사서(四書)의 하나

주석
1) 申老頭的博客(2010.8.23.), 常思困隘則不驕, http://blog.sina.com.cn/s/blog_5eab49310100lfyj.html

한자
- 安不忘危 — 呂不韋, 呂氏春秋
  [안불망위 — 여불위, 여씨춘추]
- **안전할 때 위험을 잊지 마라.**
- 忘: 잊을 망, 危: 위태로울 위

02

미리 준비운동을 하면
다치지 않느니라

잘 먹고 제때 운동하면, 하늘은 병들게 하지 않는다.

[養備而動時, 則天不能病]

순자

필자는 2019년 10월 광주 소재 골프장에서 라운드한 일이 있다. 준비운동 없이 시작했다가 애 먹은 기억이 지금도 생생하다. 티업시각이 토요일 오후 1시경이므로, 단풍시즌, 교통상황과 준비운동 등을 고려하여 최소한 3시간 반 전에는 출발했어야 했다. 그런데, 반시간 정도 늦게 출발했더니 교외로 나가는 차들로 극심한 정체를 피하지 못했다. 3번 국도를 탔으나 주차장이나 다름없었다. 마음은 초조했고 기다리는 동반자에겐 미안하기 짝이 없었다. 티업 10분 전쯤 도착하여 후다닥 옷을 갈아입고 카트로 달려갔다. 스트레칭이나 간단한 연습스윙은 생각할 겨를도 없었다. 황망하게 뛰어가는 발자국 소리만 남길 뿐이었다. 애타게 기다리던 지인이 먼저 티샷을 하고, 이어서 필자가 티샷을 했다. 가볍게 치자는 다짐은 어느새 사라지고 볼은 좌측 비탈로 날아가고 말았다.

전국시대 사상가인 순자(荀子)는 필자와 같은 골퍼에게 경각심을 가지라고 일갈한다. "잘 먹고 제 때 운동하면 하늘은 병들게 하지 않는다(養備而動時, 則天不能病)."라고. 여기에서 운동이라 함은 골퍼의 경우 준비운동이라 할 수 있다. 준비운동 없이 찰나에 이루어지는 동작을 하면 척추, 무릎, 손목, 팔꿈치 등 신체부위에 무리를 주지 않을 수 없기 때문이다. 준비가 부족한 상태에서는 골프의 매력과 재미가 반감될 수밖에 없다. 심지어는 상당한 기간의 슬럼프에 빠질 수도 있다.

골프에서 준비운동은 그 날 라운드를 시작하는 첫 단추이다. 도덕경(道德經)은 "천 리의 길도 발 아래에서 시작한다(千里之行, 始於足下, 64장)."고 충고한다. 골프에서 시작에 문제가 생기면 순조롭게 다음 단계로 나아갈 수 없다는 것은 지당하다. 준비운동을 건너뛰면 부상을 당할 수 있음은 물론, 멘탈도 안정되지 않아 동작의 일관성을 유지하기 어렵다. 설사 골퍼가 다치지 않는다 하더라도 그 상태에서 골프 재미를 향유한다는 것은 과욕이다.

또한, 골프에서 준비운동은 유연성을 견지하는 필수 요소이다. 도덕경은 유연성을 유지하는 것이 강한 것일 뿐만 아니라(守柔曰強 / 수유왈강, 52장), 사람이나 초목이 살아있는 상태라고 하였다(人之生也柔弱, 草木之生也柔脆 / 인지생야유약, 초목생야유취, 76장). 골프에서 유연성을 확보하기 위해서는 미리 스트레칭과 가벼운 준비운동을 하면서 안정된 멘탈을 다지는 것이다. 그럼에도, 이러한 준비운동을 하지 않고 부랴부랴 티샷을 하는 경우에는 유연성이 실종되고 만다. 이에 대하여, 도덕경은 사람이나 초목이 경직되거나 강직된 상태에 있는 것으로서 죽은 모습이라고 훈계한다(人之死也堅强, 草木之死也枯槁 / 인지사야견강, 초목지사야고고, 76장). 즉, 준비운동 없이 바로 티샷에 들어가는 경우에는 경직된 신체 상태에서 스윙하는 것으로서 살아있는 스윙이 아니라는 것이다.

필자가 그날 늦게 골프장에 도착한 것은 골프의 기본인 매너도, 준비도 모두 미흡한 자화상이다. 그 이후로는 넉넉하다 싶을 정도로 미리 출발한다. 동반자와 함께 갈 경우 너무 이르지 않느냐고 얘기해도, 필자는 서두르자고 채근한다. 준비운동 없이 다급히 티샷을 하면 다치기 쉽고 즐기기 어려우며 품격도 실추된다는 이유를 댄다.

테니스나 스키 등 대부분의 종목에서도 준비운동이 없거나 부족하면 부상을 피하기 어렵다. 충분한 준비운동은 동작의 유연성을 바탕으로 여유있는 모습, 만족스런 성과에 도달할 수 있게 해준다. 이것이 순자(荀子)나 도덕경(道德經)이 우리에게 선사하는 가르침이다.

문헌

- 순자(荀子): B.C.298?~238?, 순황(荀況), 전국시대 유가 사상가
- 순자(荀子): 순자의 말과 글을 모은 책, 선진(先秦)시대 유가사상의 총괄서
- 노자(老子): B.C.571~?, 이이(李耳), 춘추시대 초나라 사상가, 도가 시조
- 도덕경(道德经): 노자가 저술한 것으로 알려짐. 도가의 경전. 노자라고도 칭함.

한자

- 養備而動時, 則天不能病 — 荀子
  [양비이동시, 즉천불능병 — 순자]
- **잘 먹고 제때 운동하면, 하늘은 병들게 하지 않는다.**
- 養: 기를 양, 備: 대비할 비

03

순간의 해이가
큰 사고를 부르니라

촌각의 해이도 용납하지 않는다.

[刻不容鬆]

임칙서(청)

필자는 2021년 7월 말경 충북 소재 골프장에서 지인들과 라운드를 한 일이 있다. 태양이 작열하는 한여름이었다. 필자가 펏을 하려는 순간, 어디선가 "꽝!"하고 충격음이 울리는 것이었다. 깜짝 놀라 주위를 봤더니, 자동 운행 중이던 카트가 동반자를 친 것이었다. 동반자가 펏을 마친 후 카트길 끝자락에서 뙤약볕을 피하고 있던 중에, 캐디가 그린 주변에 근접한 카트를 세우지 않아 발생한 사고였다. 동반자는 옆으로 쓰러졌으나 다행히 찰과상 외에는 큰 부상을 입지는 않았다. 한두 홀 안정을 취한 후 라운드를 마무리했다. 그 당시 울려 퍼진 충격음의 크기, 쓰러져 있는 동반자의 모습, 그리고 어찌할 바를 몰라 하는 캐디의 표정은 지금도 생생하다.

청나라 말기의 사상가인 임칙서(林則徐)는 이러한 상황에 대하여 "촌각도 해이함을 용납해서는 안된다(刻不容鬆)."고 경종을 울린다. 어떤 일이 별 문제없이 순조롭게 이루어지더라도 한 순간의 해이함으로 큰 사고가 생길 수 있으니, 촌각을 다투어 신중하고 치밀하게 처리하라는 것이다. 중국의 속담에서도 "천 일의 긴장을 두려워 말고, 단지 일시의 해이함을 두려워하라(不怕千日緊, 只怕一時鬆 / 불파천일긴, 지파일시송)."고 충고한다. 오랜 기간 동안 철저하게 위험이나 사고를 대비해 오더라도 일시의 해이함으로 인하여 사고가 발생할 수 있으니, 끝까지 긴장을 풀지 말고 각별히 주의하라는 것이다.

나아가, 당나라 때의 시인인 두순학(杜荀鶴)의 시구도 이와 같은 깨우침을 전한다. "물이 잔잔하게 흐를 때는 물속에 돌이 없었는데, 때때로 배가 침몰됐다는 말이 들리는구나(却是平流無石處,時時聞說有沉淪 / 각시평류무석처, 시시문설유침륜)." 그 강은 평시 위험을 느낄 만한 유속이나 물속에 암초와 같은 장애물이 없었으나, 간간히 그곳에서 배가 침몰되거나 좌초되는 사고가 발생했다는 것이다. 표면상으로 안전해 보이더라도 보이지 않는 유속이나 물 속의 위험에 대해서도 늘 경각심을 가지라는 것이다.

주지하다시피 골프에서 일시의 해이함으로 인한 안전사고가 종종 발생한다. 중상을 입는 경우가 대부분이며, 심지어는 치명상을 입기도 한다. 2021년 5월 충북 증평 소재 골프장에서, 골퍼가 카트에 타려고 할 때 캐디가 골퍼의 승차 여부를 확인하지 않고 급하게 출발하는 바람에 골퍼가 카트길 바닥에 떨어져 뇌출혈로 사망한 사고가 있었다(주석 1). 또한, 2020년 10월 경남 소재 골프장에서, 골퍼가 이동 중인 카트에 발이 걸려 추락한 후 의식불명의 상태로 있다가 사망한 사고가 있었다(주석 2). 심지어는, 골퍼가 서울 인근 골프장에서 카트를 타고 이동하는 중에 딴 돈을 세다가 커브길에 추락하여 뇌진탕으로 사망한 사고도 있었다(주석 3).

라운드 중 발생한 사고는 카트사고, 익사사고, 타구사고 등 매우 다양하나, 그 근본적인 원인은 일시 해이(解弛)에서 비롯된 안전불감증이다. 골프장 사고는 경상보다는 중상이나 치명상에 이른다는 것을 모르는 이가 없다. 그럼에도 불상사가 발생한 것을 보면 딱하기 그지없다.

골프가 수려한 자연과 흥겨운 재미를 선사하는 것은 분명하지만, 엄청난 위험도 내재되어 있음을 명심해야 한다. 골퍼가 일시 해이한 상태로 라운드를 한다면 어떻게 오랫동안 골프가 주는 선물을 즐길 수 있겠는가?

뉴스를 보면 연일 각종 사고들이 줄을 잇는다. 상당 부분은 해이한 안전의식에서 비롯된 것이다. 이는 동서고금을 막론하고 변함이 없다. 촌각도 해이함을 용납하지 말라(刻不容鬆)는 중국 명구들을 깊이 헤아려 볼 일이다.

문헌

- 임칙서(林則徐): 1785~1850, 청나라 말기 관료, 명문장가
- 두순학(杜荀鶴): 846~904, 당나라 후기 시인, 두목(杜牧)의 아들

주석

1) 김태연(2021.10.13.), 치명적 위험, 반복되는 카트사고, 골퍼저널, https://www.golfjournal.co.kr/news/articleView.html?idxno=3282
2) 김욱(2020.10.21.), 경남도내 B골프장 카트서 떨어져 60대 女 사망, 시사우리신문, http://www.urinews.kr/news/2020/10/21/9484.html
3) 정현권(2019.11.2.), 골프장 카트에서 딴돈 세다 비극 맞은 골퍼… 무슨 일이, 매일경제, https://www.mk.co.kr/news/society/view/2019/11/900569/

한자

- 刻不容鬆 — 林則徐(淸)
  [각불용송 — 임칙서(청)]
- **촌각의 해이도 용납하지 않는다.**
- 刻: 짧은 시간 각, 容: 용납할 용, 鬆: 느슨할 송

04

위험이 오기 전에
안전을 챙겨라

지혜로운 자는 위험의 결과가 생기기 전에 피한다.

[智者避危于無形]

사마상여(서한)

골프에서 아무리 강조해도 지나치지 않는 것은 안전이다. 골프 장은 산업현장 못지않게 위험한 상황들이 발생할 수 있는 곳이다. 캐디의 당부에도 아랑곳하지 않고 지정장소가 아닌 곳에서 연습스 윙을 하거나 동반자의 스윙이 끝나지 않았는데도 앞서 나가는 경우 가 있다. 그린주변의 어프로치나 벙커샷을 앞두고 있을 때도 버젓이 앞에서 지켜보는 경우도 있다. 특히 우드샷이나 생크볼은 럭비공과 같다고 하지 않았던가? 볼은 그저 골퍼가 친 대로 그냥 날아갈 뿐이 다. 그럼에도 앞쪽에서 이런 신비의 물체에게 안전을 맡긴다는 것은 위험을 자초하는 길이다.

안전의 문제는 낙뢰와 같은 자연현상에서도 가끔 발생한다. 여

름철 우기에 천둥이나 번개가 치는 위험한 날씨에도 무리하게 라운
드를 하는 경우이다. 이른 아침 한 시간 남짓 운전해서 골프장에 왔
는데 천둥 치는 경우가 있다. 곧 그칠 것이라는 막연한 예보를 맹신
하며 계속하는 것도 위험천만이다. 십여 년 전에 골프장에서 낙뢰로
사망한 사고까지 발생한 바 있다. 많은 날들이 골퍼를 기다리고 있지
않는가? 그 날이 마지막 라운드인 것처럼 결사적으로 임하는 것은 어
디에서 나오는 만용인지 이해하기 어렵다. 낙뢰사고는 생사와 직결
되는 것이니 타구사고보다 훨씬 더 위험함은 두 말할 필요도 없다.

서한시대의 역사가인 사마상여(司馬相如)는 간렵서(諫獵書)에서
안전을 소홀히 하는 골퍼에 대하여 일갈한다. "지혜로운 자는 위험
의 결과가 생기기 전에 피한다(智者避危于無形)."라고. 이 구절은 한
무제(漢武帝)가 맹수도 가리지 않고 사냥에 빠져 있어 위험을 경계
하라는 간언에서 나온 것이다(주석 1). 한무제도 요즈음 안전을 소홀
히 하는 골퍼처럼 맹수 사냥에 심취했던 것 같다. 이와 관련하여, 당
송 8대가인 유종원(柳宗元)은 봉건론(封建論)에서 "위험을 지적했음
에도 제대로 개선하지 않은 경우에는 필히 이로 인하여 고통이 뒤따
를 것이며 그 후에 두려워할 일이 생길 것이다(告之以直而不改, 必痛
之而後畏 / 고지이직이불개, 필통지이후외)."라고 훈계한다. 위험이 현실
화된 때에는 큰 고통을 피할 수 없을 뿐만 아니라 두려움을 남기는
것이니 미리 살펴서 적시에 바로잡으라는 것이다.

사마상여나 유종원은 골퍼에게 타구사고나 낙뢰사고 등의 위험
상황에서 안전을 생각하지 않고 무리하게 라운드하지 말라고 경종

을 울린다. 위험이 현실화된 경우에는 큰 부상을 입거나 목숨을 잃을 수 있는데 지혜롭지 못한 행동으로 위험을 자초하느냐는 것이다. 타구사고나 낙뢰사고가 생겨 법정까지 가는 예도 있다. 대자연의 아름다움과 흥겨운 재미를 위하여 함께 한 라운드가 어떻게 분쟁으로 치달을 수 있는가? 우스갯소리에 골프광의 유형으로, 천둥번개가 치는데 계속 라운드하는 골퍼와 벼락 맞고도 살아남은 골퍼를 들기도 한다. 그러나, 이는 지혜롭지 못한 수준을 넘어 우매함의 극치라 하지 않을 수 없다.

안전의 문제는 골프 수준의 고저나 구력의 장단에 따라 달라지지 않으며, 사회적 지위나 경제적 능력이 있다고 하여 차이가 날 수 없다. 충분히 알 수 있었음에도 소홀히 대처하다가 사고에 이른 것이니 더욱 가슴 아픈 일이 아닌가! 안전사고의 위험을 깊이 헤아린 후 지혜롭게 대비하여 위험을 피하는 것은 무엇보다 중요하다.

우리 생활 속에서도 안전에 대한 부주의로 인해 부상을 당하거나 생명을 잃는 경우가 적지 않다. 교통사고, 산재사고, 기타 안전사고들이 자주 발생하는 상황에서 사마상여나 유종원의 가르침은 우리들에게 안전에 대한 경각심을 일깨워 준다.

문헌

- 사마상여(司馬相如): B.C.179~117, 서한시대 문인
- 간렵서(諫獵書): 사마상여가 한무제(漢武帝)에게 올린 사냥 관련 간언문
- 유종원(柳宗元): 773~819, 당나라 문인. 당송 8대가 중 1인
- 봉건론(封建論): 유종원이 봉건제에 대하여 지은 정치논문

주석

1) 古詩文網, 上書諫獵, https://so.gushiwen.cn/shiwenv_c2d9a5430e7b.aspx

한자

- 智者避危于無形 － 司馬相如, 諫獵書
  [지자피위우무형 － 사마상여, 간렵서]
- **지혜로운 자는 위험의 결과가 생기기 전에 피한다.**
- 智: 지혜로울 지, 避: 피할 피, 形: 형태 형

05

무리하면
다치니라

힘으로 이겨낼 수 없음에도 억지로 올리려 하면 다치니라.

[力所不勝而強擧之, 傷也]

포박자(동진)

필자의 지인은 완벽을 추구하는 경향이 강했다. 첫 라운드 전에 체계적인 레슨과 충분한 연습을 거쳤다. 게다가 스크린에서도 상당한 수준에 도달할 정도로 기초를 다졌다. 아니나 다를까 첫 필드라운드에서 90대 초반의 스코어를 일궜다. 라운드 횟수가 10회에 이르기 전에 81타의 대기록을 올리기도 했다. 당시, 동반자들을 당황스럽게 한 수준을 넘어 상당한 충격을 주었다고 했다.

2020년 가을, 몇 달만에 그 지인을 만났다. 골프 재미가 어떠냐고 물었더니, 그는 부상으로 당분간 칠 수 없다고 했다. 과도한 연습으로 척추와 늑골에 큰 부상을 입었다는 것이다. 그는 몇 개월간 거의 매일 5시간씩 야외연습장에서 볼을 친 게 화근이었다. 완벽성과 즐거움이 다투어 자극했는지, 체력이 감당할 수 없음에도 과도한 의

욕으로 무리한 스윙을 반복했던 것이다.

동진의 명의인 갈홍(葛洪)은 포박자(抱朴子)에서 지인과 같은 골퍼에게 일침을 가한다. "힘으로 이겨낼 수 없음에도 억지로 올리려 하면 다친다(力所不勝而強擧之, 傷也)."라고. 자신의 수준이나 상태를 고려하여 적당하게 힘을 써서 운동을 하라는 가르침이다. 수준이나 상태가 힘에 부치는데 억지로 수준을 올리려 하거나 무리하게 연습을 하면 부상을 피할 수 없다는 것이다.

이와 관련하여, 좌전(左傳)은 "가능성을 살핀 후 나아가고 어려움을 안 후 물러서라(見可而進, 知難而退 / 견가이진, 지난이퇴)."고 충고한다. 이를 골프에 적용하여 해석하자면, '가능성을 살핀다' 함은 연습을 계속해도 몸에 무리하지 않고 스윙을 할 수 있는지를 신중하게 분석하는 것이다. '어려움을 안다' 함은 힘에 부치는 상태에서 무리한 연습으로 부상이 생길 수 있는지를 냉정하게 판단하는 것이다. 이와 같이 신중한 분석과 냉정한 판단으로 연습을 계속할 것인지에 대하여 지혜롭게 결정하라는 가르침이라 할 수 있다.

프로골프 지망생에게서도 간간히 이런 문제가 생길 수 있다. 그들은 초등학교 고학년 때에 입문하여 힘겨운 연습에 들어가는 경우가 많다. 중학생 때가 되면 하루에 천 개가 넘는 연습볼을 친다고 한다. 성장기에 한 방향의 과도한 운동을 지속하다 보니 부상을 입는 경우가 적지 않다. 잦은 시합으로 근육과 관절의 피로가 누적된 상태에서 일정한 순위에 들어가기 위해 불철주야 연습을 반복한다. 치열한 경쟁이 무리한 연습을 초래하고, 무리한 연습이 중대한 부상을 야기한다. 이로 인하여 자신의 꿈을 접어야 한다는 것은 가슴 아픈 일이 아닐 수 없다.

　프로 골퍼든, 주말 골퍼든 부상을 입게 되면 완치될 때까지는 정상적인 라운드를 할 수 없다. 철저한 관리로 온전한 건강상태를 유지하는 것은 모든 운동에서 기본 중의 기본이다. 전문가의 교습 하에 적당한 시간 동안 제대로 된 연습을 하는 것이 부상을 피하는 길이다. 특히, 주말 골퍼의 경우 여가를 즐기는 수준에서 힘에 부치지 않을 정도로 지혜롭게 연습하는 게 아주 중요하다. 그래야만 오랫동안 그 좋아하는 골프의 재미를 향유할 수 있지 않겠는가?

　다른 운동에서도 힘에 부치는데 무리하게 연습을 하다가 부상으로 이어지는 경우가 적지 않다. 부상이 주는 아픔 못지 않게 다른 경쟁자들이 집중적인 연습으로 앞서간다는 생각에 스트레스를 피하기 어렵다. 이러한 고난과 시련을 피하기 위해서는 포박자(抱朴子)와 좌전(左傳)의 훈계를 깊이 되새길 일이다.

문헌
- 갈홍(葛洪): 283~343, 동진 문인, 도교 이론가, 의술가
- 포박자(抱朴子): 갈홍이 춘추전국시대 이래의 신선이론을 집대성한 도교서
- 좌구명(左丘明): B.C.556~452, 춘추시대 노나라 역사가
- 좌전(左傳): 공자가 편찬한 것으로 전해지는 춘추(春秋)의 주석서

한자
- 力所不勝而強擧之, 傷也 － 葛洪, 抱朴子
  [역소불승이강거지, 상야 － 갈홍, 포박자]
- **힘으로 이겨낼 수 없음에도 억지로 올리려 하면 다치니라.**
- 勝: 이길 승, 強: 강할 강, 擧: 들어올릴 거, 傷: 다칠 상

제 8 장

한시와 함께 하는 골프투어

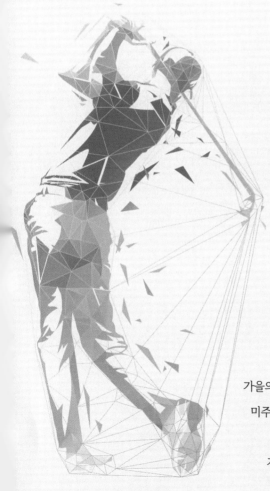

골프는 수려한 자연과
흥겨운 재미를 선사한다.
멋진 라운드로 신선이 되어 보라.
봄날의 청산녹수, 여름의 풀꽃향기,
가을의 단풍소리, 겨울의 은빛설원은 감동이다.
미주(美酒)에 담소를 나누면 고뇌는 사라진다.
한시 산책을 겸한 골프투어로,
자연의 과객이 되고 재미의 주인이 되자.

멋진 샷과 재미난 대화로
신선이 되어 보라

속세를 버리고 홀로 서 있듯이 훨훨 날아,

신선이 되어 선경에 오르네.

[飄飄乎如遺世獨立, 羽化而登仙]

소식(송)

　골프가 우리에게 주는 재미는 무궁무진하다. 긍정의 마음으로
골프에 다가가면 18홀에 몇 번은 쾌재(快哉)의 찰나를 즐길 수 있다.
좁은 듯한 페어웨이를 가로지르는 멋진 티샷, 바람소리 내며 반듯이
날아가는 우드샷, 보이지 않는 그린에 사뿐히 올라가는 아이언샷,
어려운 경사를 곡예하듯 흘러서 홀에 다가가는 펏… 이러한 것들은
프로 선수나 싱글 골퍼의 전유물이 아니다. 여기에, 분위기를 데우
는 정담과 스트레스를 날려 보내는 웃음은 골프의 재미를 한층 높여
준다. 라운드 중 티샷을 기다리면서 오가는 위트에 웃음을 감추지
못한다. 또한, 그늘집에서 한 잔 술을 곁들이면서 나누는 미담에 박
장대소를 연발하기도 한다.

소식(蘇軾)의 전적벽부(前赤壁賦)에 "속세를 버리고 홀로 서 있듯이 훨훨 날아, 신선이 되어 선경에 오르네(飄飄乎如遺世獨立, 羽化而登仙)."라는 구절이 있다. 세상의 무거운 짐이나 스트레스를 뒤로 한 채 초연히 올라서서 선경의 신선이 되는 행복감을 느끼는 것이리라. 이러한 행복감을 골프에서도 얼마든지 향유할 수 있다. 필자와 동반자들은 긴장된 펏을 통해 이러한 행복감을 누린 바 있다.

필자는 2019년 7월 파주에 있는 서원힐스CC에서 중학교 친구들과 라운드한 일이 있었다. 한여름치고는 흐린 날씨에 덥지 않았으며, 약간의 바람도 불어 시원했다. 수준 차이가 크지 않은 편이어서 타당 천 원짜리 스트로크게임을 하기로 했다. 동코스 마지막 홀(파5)에서 모두 파 온에 안착하였다. 친구들은 약 9미터, 4미터, 2.5미터의 펏을 남겨두고 있었고, 필자는 7미터 정도의 펏을 남겨 두고 있었다. 평소 싱글을 자주 기록하는 친구가 약 9미터의 펏을 하였는데, 볼이 내리막을 타고 홀을 향해 구르더니 "어! 어!"하는 순간에 거침없이 들어갔다.

그 친구의 놀라움과 동반자들의 축하로 버디의 흥분이 그린에 넘쳤다. 이어, 필자가 다음 펏을 준비할 때는 그 흥분이 긴장으로 변해 있었다. 친구의 내리막 펏이 도움을 주긴 했으나 필히 컨시드거리 내로 붙여야겠다는 생각뿐이었다. 퍼터를 떠난 볼이 홀을 향해 구르더니 초조함을 뚫고 아슬아슬하게 홀컵으로 들어갔다. 전혀 생각지 않은 버디펏이었다. 모두 어안이 벙벙했다. 나머지 두 친구들의 긴장감은 훨씬 더 컸을텐데도 모두 버디펏을 성공시켰다.

캐디는 네 명이 같은 홀에서 모두 버디를 한 걸 보고 감탄을 금치 못했다. 캐디 일을 한 이래 처음이라고 했다. 라운드 후 클럽식당에서 초저녁 가랑비를 앞에 두고 한 잔 술에 자축하며 담소를 이어갔다. 이 기록은 프로투어에서도 일어나기 어려운 것이리라(프로대회는 거의 모두 3인 플레이이기 때문이다). 그 날 같은 홀에서 이루어 낸 올 버디의 감동 순간은 지금도 잊을 수 없다. 이 친구들과 라운드할 때면 그 감동 순간을 되새기며 웃음꽃을 피우곤 한다.

골프가 주는 재미는 타인에게 지장을 주지 않는 한, 즐거운 담소로도 한층 더 높일 수 있다. 명나라 때 어의(御醫)인 공정현(龔廷賢)은 섭양(攝養)이라는 시에서 주말 골퍼에게 큰 가르침을 전한다. "늘 재미난 얘기를 나누며 많이 웃어라. 항상 즐거운 마음을 지니되 화내지 마라(每把戱言多取笑, 常含樂意莫生嗔 / 매파희언다취소, 상함낙의막생진)."는 것이다. 라운드 중 티샷을 기다리거나 그늘집에서 기다려야 하는 경우들이 많다. 그때, 유머나 미담에 웃음을 나누며 소소한 행복감을 누릴 수 있다. 이는 주말 골퍼가 누릴 수 있는 특전이리라.

복잡다단한 현대사회에서 바쁜 일들로 심신이 피로한 경우가 많다. 망중한(忙中閑)의 시간을 내어 멋진 사람들과 미주(美酒)에 담소를 나누는 것은 어느 때보다도 중요하다. 긍정마인드로 즐겁고 해맑은 담소를 이어가도록 실행에 옮겨보자. 적벽부의 구절과 동화되는 길이다.

문헌

- 소식(蘇軾): 1037~1101, 북송시인, 학자, 정치가
- 전적벽부(前赤壁賦): 소식이 1082년 7월 적벽에서 배 타고 노닐며 지은 글
- 공정현(龔廷賢): 1522~1619, 명나라 때 명의
- 섭양(攝養): 공정현이 다년 간의 의료 경험을 취합한 시

한자

- 飄飄乎如遺世獨立, 羽化而登仙 — 蘇軾, 前赤壁賦
  [표표호여유세독립, 우화이등선 — 소식, 전적벽부]
- **속세를 버리고 홀로 서 있듯이 훨훨 날아, 신선이 되어 선경에 오르네.**
- 飄: 휘날릴 표, 乎: 어조사 호(~에), 如: 같을 여, 遺: 버릴 유, 獨: 홀로 독

02

봄날의
청산녹수

임칙서, 소식, 백거이, 김부용

골퍼가 이른 아침 필드를 향해 집을 나서는 데는 대자연의 아름
다움을 즐기려는 기대도 크다. 3개월 남짓 동면을 보낸 후라면 초봄
의 양광과 신록의 향기를 대하는 순간 "바로 이것이다!"는 희열을
느낄 수 있다. 초봄을 맞이한 산에는 푸르름이 넘치고, 그 안의 계곡
에는 초록빛 물소리가 울려 퍼진다. 이처럼 산수화가 펼쳐진 코스에
서 라운드를 하다 보면 골프가 주는 묘미를 더 깊이 즐길 수 있다.
이는 시의 정취가 무르익는 대자연을 무대 삼아 신춘 교향곡을 연주
하는 것이리라.

초봄의 대자연, 그 속에 펼쳐진 시의 향기는 골퍼의 봄마실을 더
욱 신나게 해준다. 임칙서(林則徐, 청)와 소식(蘇軾, 송), 백거이(白居
易, 당), 그리고 여류시인 김부용(金芙蓉, 조선)의 시를 통해 신춘의 아
름다움을 음미해 볼 만하다. 한두 타에 집착하는 스코어 골퍼에서 풍

격(風格)이 넘치는 스토리 골퍼로 거듭 나는 모습이 멋질 것이다.

<가족을 만나고서>　임칙서(청)

푸르른 산은 붓을 더하지 않아도 천년 가는 그림이고,

초록빛 물은 줄이 없어도 만고불변의 거문고라오.

푸르른 산엔 나름의 색이 있어 꽃이 미소를 머금고,

초록빛 물엔 무성(無聲)의 리듬이 있어 새가 노래를 하누나.

<赴戍登程口點示家人>　林則徐(淸)

靑山不墨千秋畫, (청산불묵천추화)

綠水無弦萬古琴. (녹수무현만고금)

靑山有色花含笑, (청산유색화함소)

綠水無聲鳥作歌. (녹수무성조작가)

임칙서(林則徐)의 위 시구는 총 10구 중 일부로서 지기(知己)에 관한 것이나 시를 쓴 배경에 대해 소개하는 대신에 시어(詩語)의 계절적 특색에 맞추어 음미해본다. 청산(靑山)은 인간의 손이 가지 않아도 천 년 동안 변함없이 아름다운 자연을 담고 있는 한 폭의 산수화이다. 그 안에는 다채로운 색들이 자연의 부름을 받아 생명의 환희를 크게 해 주고 있다. 여기에 질세라, 녹수(綠水)는 현이 없어도 만고불변의 청아(淸雅)한 소리를 세상에 품어 내는 거문고이다. 이는 무성(無聲)의 리듬에 맞추어 산새가 부르는 노래와 오묘한 화음을 드러내 주고 있다. 청산과 녹수가 펼쳐진 산하는 겨우내 따스한 양광과 해맑은 신록에 목마른 골퍼에겐 그야말로 선경이리라.

<동편 난간에 핀 배꽃>   소식(송)

배꽃은 새하얗고 버들은 짙푸른데,

버들개지 날릴 때에 꽃들이 성 안에 만발했네.

<東欄梨花>   蘇軾(宋)

梨花淡白柳深靑, (이화담백류심청)

柳絮飛時花滿城. (유서비시화만성)

소식(蘇軾)의 시구는 옅은 백색과 짙은 청색의 대비를 통하여 맹춘(孟春)의 생명력을 물씬 풍겨준다. 초봄을 맞아 배꽃이 마당의 동쪽 난간에 새하얀 자태를 드리운다. 인근의 수양버들은 무르익은 봄에 화답하여 그지없이 짙푸르다. 버들개지가 가느다란 실처럼 무수히 하늘을 수놓을 때, 눈처럼 새하얀 배꽃들이 성 안을 가득 채운다. 배꽃의 새하얌과 버들의 짙푸름이 오묘한 조화를 이룬다. 이 또한 초봄의 정취가 물씬 풍기는 한 폭의 산수화라고 할 수 있다.

<버들가지>   백거이(당)

봄바람이 불어오니 수많은 버들가지 춤을 추는데,

버들 새싹은 거위털보다 연하고 실보다 부드럽네.

<楊柳枝詞>   白居易(唐)

一樹春風千萬枝, (일수춘풍천만지)

嫩于金色軟于絲. (눈우금색연우사)

백거이(白居易)의 위 시는 봄소식의 첫 전령이 버들임을 묘사한다. 유연하기 그지없는 버들가지가 얼마나 애타게 봄바람을 기다렸는 지 알 수 있다. 그래서인지 천만 가지의 버들이 한꺼번에 환희의 봄노래를 부른다. 그것도 황금빛 거위의 털보다 연하고 가느다란 명주실보다도 여린 자태로 신춘의 아름다움을 맞이한다. 상서로운 봄 기운이 세상을 아우르는 듯하다. 한 겨울을 보내며 초동(初冬)의 햇살에 신록의 향기를 고대하던 골퍼의 심정도 엿볼 수 있다.

<매화>   김부용(조선)
엉성타 외가지에 달린 매화꽃,
바람비에 시달려 고개 숙었네.
땅 위에 지다할손 고운 그 향내,
해롱해롱 버들꽃 미칠 것이랴.

<梅花>   金芙蓉(朝鮮)
寒梅孤着可憐枝, (한매고착가련지)
陟雨癲风困委竪. (척우전풍곤위수)
縱今落地香猶在, (종금낙지향유재)
勝似楊花蕩浪姿. (승사양화탕랑자)

조선시대 영조 때 여류시인인 운초 김부용의 시는 봄을 보내고 싶지 않은 간절함을 유감없이 발휘한다. 안서 김억(金億)은 빼어난 번역으로 시인의 가슴 속 울림을 한층 진솔하게 펼쳐준다. 그윽한 매화 향기는 버들꽃의 시샘 속에 봄바람을 타고 필드에 가득한 듯하다. 골퍼가 연초록 잔디 위를 걸으며 매화향기 퍼져오는 곳으로 고개를 돌리노라면 개울가 버들꽃이 부러워 할 만하리라.

작자

- 임칙서(林則徐): 1785~1850, 청나라 말기 관료, 문인
- 소식(蘇軾): 1037~1101, 북송시대의 시인, 학자, 정치가
- 백거이(白居易): 772~836, 당나라 시인. 시문으로 신라에까지 알려졌다고 함.
- 김부용(金芙蓉): 1812?~?, 조선 영조 때 여류시인
- 김억(金億): 1896~?, 일제강점기 시인, 문학평론가

한자

- 赴戌登程口點示家人(부수등정구점시가인), 林則徐(임칙서)
- 墨: 먹 묵, 綠: 초록색 록, 弦: 줄 현, 琴: 거문고 금, 含: 포함할 함, 聲: 소리 성
- 東欄梨花(동란이화), 蘇軾(소식)
- 梨: 배 리, 淡: 엷을 담, 柳: 버들 류, 深: 짙을 심, 絮: 버들개지 서, 滿: 가득할 만
- 楊柳枝詞(양류지사), 白居易(백거이)
- 樹: 나무 수, 枝: 가지 지, 嫩: 연약할 눈, 于: 어조사 우(~보다), 軟: 부드러울 연
- 梅花(매화), 金芙蓉(김부용)
- 寒: 차거울 한, 梅: 매화 매, 孤: 외로울 고, 着: 붙을 착, 憐: 가엾을 련, 陟: 오를 척, 巔: 미칠 전, 委: 버릴 위, 竪: 드리울 수, 縱: 방임할 종, 猶: 조차(아직) 유, 似: 비슷할 사, 蕩: 방탕할 탕, 浪: 큰물결 랑, 姿: 모습 자

03

여름의
풀꽃향기

양만리, 맹호연, 고병, 신기질, 김부식

초하(初夏)의 이른 새벽 라운드 하러 달리노라면, 설레임으로 뒤척였던 전날 밤의 선잠은 어디론가 사라진다. 맑은 공기, 푸른 초목을 타고 아침 안개가 산자락에 고개를 내민다. 산새들은 일출에 늦지 않으려 날개짓을 서두른다. 무릉도원(武陵桃源)이 따로 없다. 다채로운 의상으로 치장하고 카트 옆에서 서성일 때, 수줍은 햇살이 산고개를 넘어 안개와 춤을 춘다. 어쩌면 여름 라운드에서만 향유할 수 있는 자연의 선물이리라.

초여름의 자연을 낭송한 중국의 시인과 우리 선조의 시구를 가까이 할 수 있다면 자연과 골프, 그리고 골퍼 간의 일체감은 한층 더 해진다. 이른 아침의 아름다움, 초하 라운드의 즐거움, 그리고 멋진 주인공의 행복감이 하나로 동화되어 신선세계에 올라온 듯하리라. 중국 당송(唐宋)시대의 유명시인인 양만리, 맹호연, 고병, 신기질과 고려시대 문신인 김부식의 시(詩)와 사(詞)가 그 분위기를 더해준다.

<새벽에 임자방을 보내며> 양만리(송)

6월 중순 서호의 풍경은

다른 계절과 이리도 다른 지.

한 없이 펼쳐진 연잎이 푸른 하늘과 이어졌고,

양광에 비친 연꽃은 유난히도 붉구나.

<曉出净慈寺送林子方> 楊萬里(宋)

畢竟西湖六月中, (필경서호유월중)

風光不與四時同. (풍광불여사시동)

接天蓮葉無窮碧, (접천연엽무궁벽)

映日荷花別樣紅. (영일하화별양홍)

<여름 남정에서 신대를 그리워하며> 맹호연(당)

바람에 실려오는 연꽃 향기 그윽하고,

대나무에서 떨어지는 이슬소리 맑구나.

<夏日南亭懷辛大> 孟浩然(唐)

荷風送香氣, (하풍송향기)

竹露滴淸響. (죽로적청향)

송나라 4대시인인 양만리(楊萬里)의 시와 당나라 맹호연(孟浩然)의 시구는 여름철 연꽃 향기의 그윽함을 맛깔나게 표현한다. 중국 서호(西湖)를 무대로 하늘에 닿은 듯이 드넓게 펼쳐진 연잎이며, 양광(陽光)에 유난히 빛나는 연꽃이 눈 앞에 선하다. 연꽃 향기가 초하의 이른 아침 바람에 실려 온다. 대나무 잎에 살포시 얹혀 있던 수정 이슬이 떨어지며 청아한 소리를 드리운다. 그 부근의 코스에서 라운드를 할 때면, 저 멀리서 시나브로 퍼져오는 연꽃 향기와 청아한 이슬 소리에 취하지 않을 수 없다. 이러한 아름다움에 인색한 채 오로지 게임에만 몰입한다면 어찌 대자연의 주인공이라 할 수 있으리오?

<산속 정자의 여름>　고병(당)
긴 여름 무성한 나무에 녹음은 짙어 가는데,
누각의 그림자가 연못에 어른거리네.

<山亭夏日>　高駢(唐)
綠樹濃陰夏日長, (녹수농음하일장)
楼台倒影入池塘. (누대도영입지당)

고병(高駢)은 한여름의 더위에도 유유자적(悠悠自適)을 즐긴다. 뙤약볕이 이글거리는 페어웨이에서 스윙을 하고 나면 커다란 나무 그늘의 시원함이 생각 난다. 주변에 연못이나 시내가 흐를 때 그 위를 스치는 바람결은 카트의 선풍기를 무색케 한다. 녹음(綠陰)이 짙은 그늘집에서 금방 내온 수박을 마주하면 성하(盛夏)의 시원함은 형언할 수 없으리라.

<서강월>　신기질(송)
볏꽃 향기가 퍼지면 풍년이 온다고.
한바탕 개구리 소리가 거드는 듯.

<西江月>　辛棄疾(宋)

稻花香裏說豊年, (도화향리설풍년)

聽取蛙聲一篇.(청취와성일편)

　벗꽃 향기가 개구리의 노래 소리를 타고 퍼지면 풍년소식이 다
가온다. 농부가 새참 때 망중한(忙中閑)의 탁주를 마시는 모습이 눈
에 선하다. 필자의 학창시절 농번기의 서정과 겹치는 대목이다. 신
기질의 사(詞)에 나오는 벗꽃 향기와 개구리 노래 소리가 시공(時空)
을 넘나들며 들판의 여름 정취를 물씬 풍기게 해준다.

<관란사루>　김부식(고려)

6월의 세상은 녹일 듯 무더운데,

온종일 강변 누각에서 맑은 바람을 쏘이네.

<觀瀾寺樓>　金富軾(高麗)

六月人間暑氣融, (유월인간서기융)

江樓終日足清風.(강루종일족청풍)

　김부식의 시구는 한 여름 누각에서 즐기는 청풍(清風)을 맞이하
게 한다. 김부식이 개성에 있는 관란사(觀瀾寺)에 갔다가 강변의 누
각에서 발걸음을 멈췄다. 맑은 바람을 쏘이며 세상을 녹이는 듯한 6
월의 무더위를 전혀 느끼지 못했던 듯하다. 강루(江樓), 청풍(清風)
의 네 글자로도 한여름을 시원하게 할 수 있는 것은 시가 주는 선물
이다. 고산지대의 골프장에서 라운드를 하다 그늘 아래서 쉬노라면
염천(炎天)은 어느새 청풍에 날아가리라.

작자

- 양만리(杨万里): 1127~1206, 남송 4대문인
- 맹호연(孟浩然): 689~740, 당나라 시인
- 고병(高駢): 821~887, 당나라 무장, 시인
- 신기질(辛棄疾): 1140~1207, 남송 시인, 사인(詞人)
- 김부식(金富軾): 1075~1151, 고려 중기 문신, 학자

한자

- 曉出净慈寺送林子方(효출정자사송임자방), 楊萬里(양만리)
  - 畢: 마칠 필, 竟: 마침내 경, 蓮: 연꽃 연, 窮: 궁할 궁, 碧: 청록색 벽, 映: 비칠 영, 荷: 연꽃 하
- 夏日南亭懷辛大(하일남정회신대), 孟浩然(맹호연)
  - 送: 보낼 송, 露: 이슬 로, 滴: 물방울 적, 響: 소리 향
- 山亭夏日(산정하일), 高駢(고병)
  - 濃: 짙을 농, 陰: 그늘 음, 樓: 층집 누, 臺: 무대 대, 倒: 넘어질 도, 影: 그림자 영, 池: 연못 지, 塘: 못 당
- 西江月(서강월), 辛棄疾(신기질)
  - 稻: 벼 도, 豊: 풍성할 풍, 聽: 들을 청, 蛙: 개구리 와, 聲: 소리 성, 篇: 편 편
- 觀瀾寺樓(관란사루), 金富軾(김부식)
  - 暑: 더울 서, 融: 녹을 융, 융합할 융, 終: 끝날 종

04

가을의
단풍소리

심희수, 정대식, 최석항, 두목, 임포

라운드 하기에 가장 좋은 기간은 입추부터 만추까지다. 창공에는 백운이 수를 놓고, 산자락 잎새에는 진초록이 시나브로 옅어진다. 산허리를 지나는 가을바람은 국화 향기를 머금는다. 골퍼가 이런 대자연을 뒤로 한 채 골방에서 서책에 몰두하기는 어려우리라.

스윙 후 창공의 흰 구름을 가슴으로 맞이할 풍격(風格)이 없는 골퍼여! 그린으로 걸어가며 산자락의 국화에게 엄지척을 할 운치가 없는 골퍼여! 멋진 시그니처 홀에서 아름다운 산하와 나눈 미소를 사진에 담을 여유가 없는 골퍼여! 대자연이 어찌 그대에게 고상한 골퍼라 할 수 있겠는가?

가을의 아름다움을 음미할 땐, 중국의 유명 시인들도 조선시대의 멋진 시인들에게 자리를 비켜줘야 하리라. 조선시대 심희수(沈喜壽), 정대식(丁大寔), 그리고 최석항(崔錫恒)의 시는 가을 골퍼의 설레는 마음을 한층 들뜨게 만든다. 거기에 당나라 두목(杜牧)과 송나라 임포(林逋)의 시도 그 정취를 더해 준다.

온 산에 선홍빛 단풍 가득한데,   심희수(조선)
먼 산봉우리 앞을 지나가는 바람소리.

萬山紅葉, (만산홍엽)   沈喜壽(朝鮮)
風前遠岫聲. (풍전원수성)

심희수(沈喜壽)의 시구는 시각과 청각이 어우러져 만추의 서정이 넘쳐난다. 심희수는 정철(鄭澈), 이정구(李廷龜), 이항복(李恒福)과 함께 지인을 송별하는 주연(酒宴)에서 가장 아름답다고 생각하는 소리를 운에 맞춰 표현한 것으로 알려져 있다. 선조들의 고상한 풍류와 유유자적한 자태가 각박하게 살아가는 우리들에게 큰 울림을 준다.

<늦가을 혜화문을 나서며>   정대식(조선)
들국화와 계곡 단풍을 보니 서리가 가까운 듯,
무르익는 가을빛이 그림 속에 짙어가네.

<秋晚出惠化門>   丁大寔(朝鮮)
野菊溪楓霜意近, (야국계풍상의근)
十分秋色畫圖中. (십분추색화도중)

정대식(丁大寔)의 시구에는 국화 향기와 단풍 색깔이 하나 된 시의(詩意)가 돋보인다. 가을 라운드를 하다 보면, 하얀색 들국화가 차가운 바람에 하늘거리며 반겨준다. 만추가 얼마 남지 않았다는 손짓

이리라. 산수화에 가을을 담아본다. 그 안에 들국화가 머지않아 초동의 정취를 가져올 서리와 함께 하얀 조화를 이루어 낸다.

<가을풍경>　최석항(조선)
나무꾼이 가을 산길을 돌고 도는데,
가는 곳마다 맑은 바람뿐이네.
석양녘 새들이 숲으로 가는 소리에,
단풍이 두세 잎 떨어지누나.

<秋景>　崔錫恆(朝鮮)
秋山樵路轉, (추산초로전)
去去唯淸風. (거거유청풍)
夕鳥空林下, (석조공림하)
紅葉落兩三. (홍엽낙양삼)

　　산자락에 펼쳐진 골프장에는 오르막과 내리막을 거듭한다. 가을 산길을 위아래로, 좌우로 도는 듯하다. 석양이 서산에 걸리기 시작할 즈음엔 산새들도 골퍼처럼 돌아갈 채비로 바빠진다. 산새의 가을 노래 소리에 라운드를 마친 골퍼의 마음이 흔들린다. 가을바람에 흩날리는 단풍잎이 만추지정(晚秋之情)을 더 깊게 해준다.

<고산사에서>　임포(송)
가을 경치 넘칠 때 외로운 새 날아가고,
석양이 살며시 져가는데 차가운 연기가 이는구나.

<孤山寺端上人房寫望> 　林逋(宋)

秋景有時飛獨鳥, (추경유시비독조)

夕陽無事起寒烟. (석양무사기한연)

　　최석항의 시에 나오는 그 산새는 송나라 시인인 임포의 시 속으로 날아든다. 조선시대에서 송나라 때로, 한반도에서 중원으로 시공(時空)을 초월하는 교감이다. 계절, 경치, 석양, 산새라는 모티브가 가을의 고적(孤寂)함을 통하여 골퍼들의 마음을 한층 무르익게 해준다.

<산행> 　두목(당)

멀리 있는 가을산의 돌길을 오르는데,

흰 구름 이는 곳에 인가(人家)가 있구나.

무르익는 단풍을 즐기려면 수레를 세워야 할 걸.

서리 맞은 단풍잎이 2월의 꽃보다 붉구나.

<山行> 　杜牧(唐)

遠上寒山石徑斜, (원상한산석경사)

白雲生處有人家. (백운생처유인가)

停車坐愛楓林晚, (정거좌애풍림만)

霜葉紅于二月花. (상엽홍우이월화)

　　당나라 때의 유명 시인인 두목(杜牧)의 산행(山行)은 가을을 타는 중국 사람들에게 회자(膾炙)된다. "무르익는 단풍을 즐기려면 수레를 세워야 할 걸(停車坐愛楓林晚)."이라는 구절은 가을골퍼의 마음을 흔들며 손짓한다. 잠깐이라도 카트를 세우고 선홍빛 단풍잎과 그윽

한 향기의 조화를 느껴보라. 가을바람을 따라 산자락을 오르내리는
골퍼에겐 흔하지 않은 추억이 될 것이다.

작자

- 심희수(沈喜壽): 1548~1622, 조선 광해군 때 좌의정
- 정대식(丁大寔): 1810~?, 조선 고종 때 문신
- 최석항(崔錫恆): 1654~1724, 조선 후기 문신
- 임포(林逋): 1031~1095, 북송 시인
- 두목(杜牧): 803~852, 당나라 후기 시인

한자

- 萬山紅葉, 風前遠岫聲(만산홍엽, 풍전원수성), 沈喜壽(심희수)
- 岫: 산봉우리 수, 聲: 소리 성
- 秋晩出惠化門(추만출혜화문), 丁大寔(정대식)
- 菊: 국화 국, 溪: 시내 계, 楓: 단풍 풍
- 秋景(추경), 崔錫恆(최석항)
- 樵: 땔나무 초, 轉: 돌 전, 唯: 오로지 유
- 孤山寺端上人房寫望(고산사단상인방사망), 林逋(임포)
- 景: 경치 경, 獨: 홀로 독, 烟: 연기 연
- 山行(산행), 杜牧(두목)
- 徑: 좁은 길 경, 斜: 경사 사, 于: 어조사 우(~보다)

05

겨울의
은빛설원

신흠, 원진, 장위, 여본중, 양만리

겨울 골프는 은빛 소풍을 겸해서인지 또 다른 묘미가 있다. 순백 산하의 아름다움과 겨울 공기의 해맑음이 조화를 이룬다. 송백 가지 위의 백설이 대지에 닿으며 내는 청아한 울림이 도처에 넘친다. 그 속에서 원색의 볼을 날린다. 맑디 맑은 기운을 마시며 하얀 필드에 사각사각 발걸음을 내딛는다. 그 모습은 겨울 작가에 가까우리라.

페어웨이는 은빛 설원으로, 그린은 초록 마당으로 초동(初冬)과 만춘(晚春)이 동화된 모습이다. 은빛에서 초록으로, 초동에서 만춘이라. 원색의 조화와 시간의 초월이 공존한다. 스코어에 집착하는 코스에서 스토리가 만개한 작품무대로 넘나든다. 라운드 후엔 은빛 스토리로 웃음꽃을 이어가지 않을 수 없으리라.

겨울의 아름다움은 동서고금을 불문하고 시인들을 행복하게 해 준다. 청아한 소재를 선사하기 때문이다. 조선시대 선조 때 문신인

신흠(申欽)의 시는 은빛 천하를 그려내는 풍격(風格)이 빼어나다. 또한, 당나라 때의 원진(元稹), 장위(張謂)와 송나라 때의 여본중(呂本中), 양만리(楊萬里)의 겨울 시도 순백 자연미를 물씬 풍기게 해 준다.

<대설>　신흠(조선)

산과 골에 눈 덮이니 가없이 하나이고,

옥으로 빚은 세상은 수정궁전이로세.

세상사에 화가들 무수히 많은데,

음양의 깊은 변화는 그려내기 어려우리.

<大雪>　申欽(朝鮮)

填壑埋山極目同, (전학매산극목동)

瓊瑤世界水晶宮. (경요세계수정궁)

人間畫史知無數, (인간화사지무수)

難寫陰陽變化功. (난사음양변화공)

만천하가 옥처럼 하얗고 수정처럼 맑은 건 절대자의 조화가 아니고서는 감히 이루어 낼 수 없으리라. 아무리 뛰어난 작가라도 어떻게 순백의 산하를 해맑게 그려낼 수 있겠는가? 대자연의 청아한 경지는 인간세상의 검은빛 욕심과 혼탁한 갈등에 경종을 울린다. 옥빛 겨울 라운드를 통해 다가갈 수 있는 가르침이다.

<서쪽으로 돌아가며>　원진(당)

눈이 가득한 산자락에 겨울 꽃이 피어 있고,

푸르른 버들가지마다 얼음 구슬이 열렸네.

<西歸絕句> 元積(唐)

寒花帶雪滿山腰, (한화대설만산요)

著柳冰珠滿碧條. (착류빙주만벽조)

　가을의 여운이 남아 있는 초겨울의 모습인 듯하다. 꽃과 눈, 버들과 얼음 간의 미묘한 대조가 초동(初冬)의 정취를 드러내 준다. 희고 푸른 색채의 대비도 이 시의 심미감을 더해 준다. 골퍼들이 산허리의 잔설과 연푸른 실버들을 보노라면 한 해의 골프스토리도 얼마 남지 않았음을 느낄 수 있으리라.

<일찍 핀 매화> 장위(당)

물가의 매화가 먼저 핀다는 걸 몰랐네.

겨울을 지내온 눈이 아직도 남아 있을 걸.

<早梅> 張謂(唐)

不知近水花先發, (부지근수화선발)

疑是經冬雪未消. (의시경동설미소)

<답사행> 여본중(송)

눈은 매화인 듯, 매화는 눈인 듯,

같은 듯, 아닌 듯, 모두가 기이한 절경이네.

<踏沙行> 呂本中(宋)

雪似梅花, 梅花似雪, (설사매화, 매화사설)

似和不似都奇絕. (사화불사도기절)

장위의 시구(詩句)와 여본중의 사구(詞句)는 매화와 백설 간의 깊은 인연을 절절히 그려낸다. 매화는 겨울 향기를 잊지 못하고 새싹이 나기 전에 꽃으로 먼저 인사한다. 매화가 백설과 한 자리에서 마주하기는 어려울진대, 계절의 길목에서 아쉬움을 나누다가 초봄으로 이어주는 듯하다. 특히, "눈은 매화인 듯, 매화는 눈인 듯"이라는 구절은 가슴을 울린다. 백설과 매화가 동화된 자태는 고아(高雅)한 풍격(風格)을 넘치게 해준다. 늦겨울 골퍼가 여기에 심취해 볼만하다.

<눈 내린 후 저녁>　양만리(송)

맑게 갠 후 동산의 눈이 가장 좋다오.

연붉은 노을 속에서 은산(銀山)이 솟아오르네.

<雪後晚晴四山>　楊萬里(宋)

最愛東山晴後雪, (최애동산청후설)

軟紅光裏涌銀山. (연홍광리용은산)

양만리(楊萬里)의 시구는 백설의 청아함을 저녁노을과 대비하여 오묘한 신비감을 더해 준다. 맑게 갠 하늘 아래 동산의 백설이 눈부시다. 여기에 연붉은 저녁노을이 펼쳐지는 무대 위로 은빛 동산이 살며시 솟아오른다. 이처럼 아름다운 겨울코스가 있다면 진정 다른 계절에서 누릴 수 없는 신비의 세계이리라.

작자

- 신흠(申欽): 1566~1628, 조선 문신
- 원진(元稹): 779~831, 당나라 중기 재상, 시인
- 장위(張謂): ?~777, 당나라 시인
- 여본중(呂本中): 1084~1145, 송나라 시인, 사인(詞人)
- 양만리(楊萬里): 1127~1206, 남송 4대문인

한자

- ■ 大雪(대설), 申欽(신흠)
- • 塡: 메울 전, 壑: 골짜기 학, 埋: 묻을 매, 瓊: 옥 경, 瑤: 옥 요, 晶: 수정 정, 寫: 베낄 사, 功: 공로 공
- ■ 西歸絕句(서귀절구), 元稹(원진)
- • 帶: 지닐 대, 腰: 허리 요, 著: 드러날 착, 冰: 얼음 빙, 珠: 구슬 주, 碧: 청록색 벽
- ■ 早梅(조매), 張謂(장위)
- • 發: 필 발, 疑: 의심할 의, 經: 지날 경, 消: 없앨 소
- ■ 踏沙行(답사행), 呂本中(여본중)
- • 似: 비슷할 사, 和: 어조사 화(~와), 都: 모두 도, 奇: 기이할 기, 絕: 끊을 절
- ■ 雪後晚晴四山(설후만청사산), 楊萬里(양만리)
- • 裏: 속 리, 涌: 솟아날 용

골프 삼매경에서
시흥(詩興)을 느껴보라

맑게 갠 하늘에 한 마리 학이 구름 위를 날아가면,

절로 시흥(詩興)이 푸른 하늘에 이르게 되네.

[晴空一鶴排雲上, 便引詩情到碧霄]

유우석(당)

    필자는 2019년 가을 경기도 소재 아도니스CC에서 라운드를 즐긴 적이 있다. 코스마다 특색 있는 전경에 연초록 수목과 아담한 호수가 자연스런 조화를 이루었다. 더욱이, 초가을의 창공은 초록필드와 하나로 이어져 절경을 자아냈다. 티샷 후 살며시 이동하여 사진에 담았다. 스코어가 만족스러운 편은 아니었지만, 귀가 후 사진 속 산하의 아름다움을 둘러보았다. 그 아름다움을 내 곁에 둘 수 있다는 것만으로도 소소한 행복감을 느꼈다. 골프가 절경을 통해 건네는 선물이리라.

    그 감동에 맞는 중국 시를 찾아보기로 했다. 필자가 수시로 메모

하는 명시 · 명구 노트를 뒤적였다. 당나라 때의 유우석(刘禹锡)이 지은 "가을 이야기(秋詞)"가 그 골프장의 풍광이나 필자의 수준을 아우른 듯하였다.

<가을 이야기> 　유우석(당)

옛부터 가을이 오면 슬프고 적막하다는데,

난 가을이 봄날보다 더 좋더이다.

맑게 갠 하늘에 한 마리 학이 구름 위를 날아가면,

절로 시흥(詩興)이 푸른 하늘에 이르게 되네.

<秋詞> 　劉禹錫(唐)

自古逢秋悲寂寞. (자고봉추비적막)

我言秋日勝春朝. (아언추일승춘조)

晴空一鶴排雲上, (청공일학배운상)

便引詩情到碧霄. (편인시정도벽소)

시인의 신세를 묘사하는 부분이 있기는 하지만, 맑게 갠 가을 창공을 통하여 시흥(詩興)으로 승화하는 풍격(風格)이 큰 울림을 준다. 한 마리의 고고한 학이 흰 구름 위를 날아가는 모습이 눈 앞에 펼쳐지는 듯하다. 시인은 감상적으로 치우치지 않고 대자연의 아름다움을 통해 한 단계 높은 경지에 이르고 있다. 주말 골퍼들이 이처럼 맑게 갠 창공과 드넓게 펼쳐진 초록필드를 거닐면, 주중의 스트레스를 잊고 치유와 재충전의 기회로 삼을 수 있으리라.

필자는 이 시에 흠뻑 취하면서 골프에 관한 한시로 번안(飜案)해

보겠다는 생각이 밀려왔다. 하여, 시를 써 보거나 글 재주가 있는 것
도 아니지만 만용을 부려 보았다.

<골프>

요즈음 공을 치며 스트레스 많다고 하는데,

골프가 요트보다 더 낫다고 하리라.

맑게 갠 하늘, 초록 필드에 하얀 공을 날리노라면,

세상의 수심에서 벗어나 선경에 이르는 걸.

<高尔夫球 >

近來打球多苦事, (근래타구다고사)

可言高夫勝游艇. (가언고부승유정)

晴空绿地飛白球, (청공녹지비백구)

便離愁苦到仙境. (편리수고도선경)

상상력이나 창의력이 부족한 지라 번안과 퇴고에 6개월 남짓 걸
렸다. 한 글자 한 글자 바꾸다 보니 6글자밖에 남지 않아 거의 새로
운 시로 탈바꿈했다. 아직도 더 나은 시어를 찾고 있다. 글자 수가
제한되는 데다 압운(押韻)을 맞춰야 해서 필자에겐 힘이 부쳤다. 생
경한 '요트'를 끌어들인 것은 압운을 맞추기 위함이었다. 다만, "청
공녹지비백구(晴空绿地飛白球)"라는 구절은 멋진 골퍼들과 그늘집
담소(談笑)를 즐기는데 일조하기도 한다. 그것만으로도 적잖은 위안
이다.

작자

- 유우석(劉禹錫): 772~842, 당나라 문인, 관료
- 추사(秋詞): 유우석이 좌천된 후 가을하늘을 노래한 칠언절구(七言絕句)

한자

- 晴空一鶴排雲上, 便引詩情到碧霄 ― 劉禹錫, 秋詞
  [청공일학배운상, 편인시정도벽소 ― 유우석, 추사]
- **맑게 갠 하늘에 한 마리 학이 구름 위를 날아가면, 절로 시흥(詩興)이 푸른 하늘에 이르게 되네.**
- 逢: 만날 봉, 悲: 슬플 비, 寂: 적막할 적, 寞: 적막할 막, 晴: 갤 청, 空: 하늘 공, 鶴: 새 학, 排: 배열할 배, 便: 바로 편, 霄: 하늘 소

미주(美酒)와 담소로
고뇌를 날려라

한 주전자의 탁주와 함께 상봉의 즐거움을 나누며,
고금의 세상사를 웃음과 정담(情談)에 부쳐버리세.

[一壺濁酒喜相逢, 古今多少事, 都付笑談中]

양신(명)

골프의 재미에는 라운드 후 살살 녹는 술맛과 박장대소(拍掌大笑)의 분위기를 뺄 수 없다. 18홀이 끝났다고 하여 식사를 건너뛰고 바로 귀가하는 경우는 드물다. 그늘집의 새참이 있었다 해도, 4~5시간 동안 초록필드에서 백구(白球)를 날리노라면 허기의 부름을 피하긴 어렵다. 하지만, 진정한 이유는 따로 있다. 옥반가효(玉盤佳肴)와 금준미주(金樽美酒), 호방한 웃음과 화통한 정담을 건너뛸 수 없기 때문이리라.

명나라 3대 문사(文士)인 양신(楊愼)의 사(詞)는 라운드를 마친 골퍼의 여흥을 한층 돋군다. 주흥(酒興)과 인향(人香)이 어울리는 곳이라면 한번쯤 애송할 만하다.

<임강선>　양신(명)

장강의 물은 도도히 동으로 흘렀고, 영웅들은 파도에 사라졌네.

옳음과 그름, 성공과 실패, 모두가 고개를 돌려보면 헛된 것이거늘,

청산은 의구하고 석양은 변함 없이 지지 않던가.

백발의 어부와 나무꾼은 강가에서 수없이 세월의 변화를 보아 왔네.

한 주전자의 탁주와 함께 상봉의 즐거움을 나누며,

고금의 세상사를 웃음과 정담에 부쳐버리세.

<臨江仙>　楊愼(明)

滾滾長江東逝水, 浪花淘盡英雄. (곤곤장강동서수, 낭화도진영웅)

是非成敗轉頭空, (시비성패전두공)

靑山依舊在, 幾度夕陽紅. (청산의구재, 기도석양홍)

白髮漁樵江渚上, 慣看秋夜春風. (백발어초강저상, 관간추야춘풍)

一壺濁酒喜相逢, (일호탁주희상봉)

古今多少事, 都付笑談中. (고금다소사, 도부소담중)

　임강선(臨江仙)이라는 사(詞)와의 인연은 2008년 여름으로 거슬
러 올라간다. 필자가 복건성 천주(泉州)시에 있는 회사로 출장간 적
이 있었다. 고객과 회의를 마친 후 액자 안의 글귀가 보였다. 어려운
글자가 그리 많지는 않았으나 그 뜻이 다가오지는 않았다. 그래서,
함께 일하던 현지 변호사에게 물었더니, 중국 사람들이 애송하는 사
(詞)라고 소개하면서 한 구절씩 설명해 주었다. 그 순간 이 사(詞)가

주는 감동이 몰아쳤다. 귀국 전에 암송한 후 출장 선물로 간직해 오고 있다. 풍격 있는 술자리에서 이 사를 낭송하면 주흥(酒興)을 돋구는 데 상당한 도움이 되곤 했다.

이 사(詞)에서 묘사하고 있듯이 라운드 후 시원한 바람이 스치는 정자에서 향기가 넘치는 탁주에 화통한 대화를 나누며 박장대소를 즐겨보라. 거기엔 복잡한 인간사의 시비곡절이나 성공실패도, 그날 이루어 낸 버디 숫자나 드라이버 거리도 들어설 자리가 없다. 이것이야말로 골퍼들이 라운드에 더하여 누리는 최고의 행복이리라.

위와 비슷한 행복의 경지는 이백(李白)의 "종남산을 내려오다 술잔치를 벌이며(下終南山過斛斯山人宿置酒)"라는 시에서도 절절히 묘사되고 있다. "즐거운 대화 나누며 마음 편히 쉬고, 살살 녹는 술을 함께 드니 / 구성진 노래는 솔바람이 부르는 듯하고, 노래소리 다해 가니 은하수도 희미해지네 / 내가 취하니 그대는 다시 즐거워졌고, 그대와 나, 너무나도 흥거워 속세를 잊어버렸네.(戲言得所憩, 美酒聊共揮 희언득소게, 미주요공휘 / 長歌吟松風, 曲盡河星稀 장가음송풍, 곡진하성희 / 我醉君復樂, 陶然共忘機 아취군부락, 도연공망기)."

이 시의 감흥이 넘치는 곳은 어쩌면 주말 골퍼가 속세를 떠나 초연히 당도한 해방구이리라. 하지만, 과도한 주흥(酒興)은 다음 날 숙취의 고통을 몰고 오니 안분지족(安分知足)의 도를 넘지 말지어다. '일취월장'이란 우스개 경구가 실감나게 와 닿는다. '일'요일에 '취'하면 '월'요일에 '장'난이 아니기 때문이다.

주향천리(酒香千里), 인향만리(人香萬里) 류의 건배사들이 그 분위기의 풍격을 고상하면서도 운치 있게 만들어준다. 양신(楊愼)의 사(詞)나 이백(李白)의 시(詩)에서 한두 구절 정도 읊어 보면 어떨까? 주흥(酒興)과 인향(人香)이 어우러진 분위기로 더 쉽게 다가갈 수 있으리라.

작자

- 양신(楊愼): 1488~1559, 명나라 3대문사 중 1인
- 임강선(臨江仙): 양신이 경치에 의탁한 서정사(抒情詞)
- 이백(李白): 701~762, 당나라 시인, 시선(詩仙)
- 하종남산과호사산인숙치주(下終南山過斛斯山人宿置酒): 이백이 도연명(陶淵明)의 영향을 받아 지은 전원음주시(田園飲酒詩)

한자

- 一壺濁酒喜相逢, 古今多少事, 都付笑談中 － 楊愼
  [일호탁주희상봉, 고금다소사, 도부소담중 － 양신]
- **한 주전자의 탁주와 함께 상봉의 즐거움을 나누며, 고금의 세상사를 웃음과 정담(情談)에 부쳐버리세.**
- 壺: 주전자 호, 濁: 흐릴 탁, 都: 모두 도, 付: 부칠 부

제 9 장

공자의
패션 가이드

골프는 클럽과 패션 스타일의 하모니를 요한다.

클럽은 과학의 도움을 받아 백구를 달랜다.

스타일은 자연을 무대 삼아 골퍼를 띄운다.

최고의 클럽은 골퍼의 최적 노력으로 숨쉰다.

최상의 스타일은 골퍼의 우아한 품격으로 빛난다.

둘의 하모니는 금상첨화(錦上添花)다.

01

우아한 스타일로
품격을 유지하라

의상과 모자가 산뜻하면서도 우아하다.

[衣冠楚楚]

시경

    골프는 라운드를 겸하는 소풍이다. 골퍼가 설레는 마음으로 봄 날의 청산녹수와 여름의 풀꽃향기, 가을의 단풍소리와 겨울의 은빛 설원을 찾아가기 때문이다. 대자연이 이처럼 환대해 주니 골퍼도 정 성스레 환대에 어울리는 치장을 마다하지 않는다. 산하와 필드의 천 연색이 골퍼의 다채로운 의상을 유혹한다. 어떤 골퍼들은 사철에 맞 는 의관을 준비하느라 패션가 나들이로 분주하다. 하여, 골퍼들이 시내를 벗어나 코스에 당도하면 아름다운 자연 무대에서 자신의 멋 을 발산하는 배우가 된다.

    2020년부터 팬데믹으로 실내 활동과 해외 투어가 제한되어 골퍼 들이 초록 필드에 넘친다. 입문한 지 얼마 되지 않은 골퍼들이 눈에 띄게 늘었음을 실감한다. 화려한 패션에 우아한 스타일로 치장해서

원색의 나들이를 즐긴다. 한 벌로 한 시즌을 보내는 것은 단조롭지만, 과도한 노출과 현란한 사치로 눈총을 받기도 한다. 그러다 보니, 패션을 위하여 골프를 하는 것인지, 골프를 위하여 패션을 중시하는 것인지 가늠하기 어렵다. 거기에 골프의 기본이나 매너가 갖추어 지지 않은 자라면 본말(本末)이 전도되었음이 분명하다.

시경(詩經)은 의관초초(衣冠楚楚)라는 경구로 이러한 골퍼에게 가르침을 전한다. 그 의미는 의상과 모자를 쓴 모습이 산뜻하면서도 정갈하며 우아하다는 것이다. 패션이 과도하게 화려하거나 스타일이 지나치게 저급하지 않도록 주의를 기울이라는 것으로 해석할 수 있다. 나아가, 사람됨은 중시하지 않은 채 오로지 사치나 허영에 물든 세태를 풍자하는 것도 포함될 수 있다.

청나라 때의 고사도 이러한 세태를 지적하고 있다.

청나라 건륭제(乾隆帝)와 가경제(嘉慶帝) 때 낙양(洛陽)에 맹습구(孟習歐)라는 재사(才士)가 있었다. 그는 시문과 서화에 능하였으나 의상은 소박했다. 어느 날, 그는 옷을 수선하러 점포에 들렀다. 수선자가 바쁘게 일하면서 그의 의상이 평이한 것을 보고 "지금은 분주하니 잠시 후에 오라."고 차갑게 대했다. 이웃이 수선자에게 "그 사람이 바로 그 유명한 재사(才士), 맹습구다."라고 알려주었다. 수선자는 깜짝 놀라며 그에게 냉대했던 것을 후회했다. 잠시 후에 맹습구가 찾아오자, 수선자는 반색하며 존경과 예의를 표했다. 이어, "선생님이 시문에 능하다고 들었는데, 제 사업에 관한 시를 한 수 청합니다."라고 말했다.

맹습구는 한참 생각하더니, 그에게 "수선자는 바늘을 떠날 수 없으니 바늘을 주제로 짓겠소."라고 말했다. 그는 "반짝이는 바늘을 손에 들고 있을뿐 정신은 딴 데 있구나(一條鋼針明粼粼, 拿在手中抖精神 / 일조강침명린린, 납재수중두정신). 눈동자는 엉덩이와 의상에 빠져 있을 뿐, 사람은 알아보지 못하는구나(眼睛長在屁股上, 只認衣裳不認人 / 안정장재비곡상, 지인의상불인인)."라는 시를 지어주고 떠났다(주석 1). 의상만 중시한 수선자에게 일침을 가하는 풍자가 녹아 있다.

　　골프장엔 형형색색의 젊은 입문자들이 줄을 잇는다. 패션은 사치와 허영으로 가득 차 있으나, 골프의 기본이나 매너는 심히 부족한 경우가 있다. 팬데믹의 스트레스는 이해하지 못할 바 아니나, 뒷팀의 흐름에 적잖은 지장을 주기도 한다. 사치스런 패션을 사진에 담고자 하는 열정은 넘치나, 골프 기본을 연마하는 데 시간 내기는 인색한 듯하다. 시경(詩經)의 가르침에 걸맞은 품격과 골프에 대한 경외감이 아쉽다. 맹습구가 이 상황을 보았더라면 패션만 생각할 뿐 사람됨은 안중에도 없다고 훈계하였을 법하다.

　　패션 스타일은 그 사람의 첫 인상을 좌우하기도 한다. 단정하면서도 우아한 스타일로 그 사람의 품격을 높일 수 있다. 반면에, 지나치게 화려한 스타일은 자칫 사치와 허영으로 비춰질 수 있다. 화려함이 넘치는 요즈음, 시경의 가르침이나 맹습구의 훈계를 되새겨 볼 일이다.

문헌

- 공자(孔子): B.C.551~479, 공구(孔丘), 춘추시대 노나라 사상가, 유가 시조
- 시경(詩經): 서주 말기부터 동주에 걸쳐 완성된 중국 최초의 시가집. 공자가 제
  자들 교육을 위해 편집한 것으로 알려짐.

주석

1) 搜狐(2019.5.11.), 成語典故800篇－只重衣衫不重人, https://www.sohu.
   com/a/402498321_120511628

한자

- 衣冠楚楚 － 詩經, 曹風
  [의관초초 － 시경, 조풍]
- **의상과 모자가 산뜻하면서도 우아하다.**
- 冠: 갓 관, 楚: 산뜻할 초

02

골프 정보도
먼저 얻으라

물에 가까운 누각에서 먼저 달의 그림자를 볼 수 있다.

[近水樓臺先得月]

소린(송)

지인은 골프 수준이나 열정이 상당하다. 그는 낮은 싱글로서 골프를 잘 치기도 하지만, 더 놀라운 것은 폭넓은 골프 정보를 장악하고 있다. 국내외 주요 프로들의 성적이나 활약에 대해서는 물론, 골프 클럽에 관한 브랜드나 모델별 특성을 꿰뚫고 있다. 국내외 골프장의 장점이나 문제점, 골프 관련 산업의 현황이나 전망 등에 대해서도 청산유수다. 심지어는 골프 관련 유머나 위트도 풍부하여 늘 웃음을 몰고 다닌다. 골퍼가 어느 정도의 구력을 가지고 있다면, 상당한 골프 수준은 물론 골프 관련 정보에도 관심과 노력이 필요하겠다는 생각을 하게 된다.

북송 때의 시인인 소린(蘇麟)은 단구(斷句)라는 시에서 정보입수 시기의 차이에 대하여 우회적으로 언급하고 있다. "물에 가까운 누각에서 먼저 달의 그림자를 볼 수 있다(近水樓臺先得月)."라고. 어떤 사람이 호수나 연못에 가까운 정자에 있다고 하여, 밤하늘에 떠있는 달이 더 가까이 있는 것도 아니며, 더 크거나 밝게 보이지는 않을 듯하다. 그럼에도 그 사람이 다른 사람보다 달을 먼저 얻을 수 있다고 묘사한 것은 이 시에서 달이 가지고 있는 의미가 특별함을 알 수 있다.

이 시구(詩句)의 배경은 아래의 고사(故事)를 통해 드러난다. 북송시대의 관료이자 문인인 범중암(范仲淹)이 항주(杭州)에서 인사담당 관원으로 있을 때 일이다. 대다수의 문무 관원들이 그의 천거를 받으면 도움이 된다는 것을 알게 되면서 그를 따르는 관원들이 많았다. 반면에, 소린은 항주의 교외에서 하급관원으로 있었으므로, 그로부터 제대로 된 평가를 받기 어려웠다. 어느 날, 소린은 업무차 항주에 가서 범중암을 만난 김에 시(詩) 한 수를 바쳤다. 그 중에, 한 구절이 바로 이 시구다. 범중암은 이 시를 보고 그의 의견과 희망을 물은 후 보직을 옮겨 주었다는 것이다(주석 1). 이 시를 계기로, 범중암은 소린을 눈여겨 보고 그의 업무태도나 근무지 등의 관련 정보를 검토한 후 다른 보직에 천거하였을 것으로 추측된다.

그 이후에, 이 시구나 근수누대(近水樓臺)라는 사자성어는 어떤 정보 제공처에 가까이 있는 사람이 먼저 관련 정보를 취득할 수 있다는 뜻으로 상용돼 오고 있다. 이와 관련하여, "봄날 강물의 따스함은 그 곳에 사는 오리가 먼저 안다(春江水暖鴨先知 / 춘강수난압선지)."라는 소식(蘇軾)의 시구도 같은 맥락으로 사용되기도 한다. 두 시구를 보면, 직접 표현하기 어려운 사항에 대하여 자연이나 사물에 의한 은유를 통해 교감하는 부분이 그 시대의 풍격을 드러내 준다.

골프는 장시간의 필드라운드와 더불어 전후의 담소로 이루어지는 종합 이벤트이기도 하다. 그 과정에서 골프 관련 정보는 라운드의 스코어 못지않게 즐거운 스토리를 구성하는 데 중요한 요소가 된다. 드라이버, 아이언, 기능성 의류 등 신제품 관련 정보나 골프장 관련 정보를 공유하게 되면 적잖은 도움을 얻을 수 있다. 또한, 다른 라운드에서 있었던 에피소드, 또는 새로운 유머나 위트도 라운드의 재미를 높이는 데 소중한 정보이다. 적극적으로 신선한 정보를 확보하여 동반자와 공유하는 것도 좋아 보인다. 골프의 열정과 품격을 높이고자 하는 선진 골퍼라면 이 정도의 노력은 해야 되지 않을까?

우리는 초고속 정보화시대에 살고 있다. 이러한 상황에서 정보의 취득이나 이해에 더디면 대화의 넓이와 깊이에 한계가 생긴다. 송나라 시인이 언급한 누각(樓閣)은 정보의 저장소로, 근처 호수에 비친 명월(明月)은 우리에게 필요한 정보로 생각해 볼 수 있으리라.

작자
- 소린(蘇麟): 969~1052, 북송 시인
- 단구(斷句): 소린이 자신에 대한 인사상 문제를 풍자한 시

주석
1) 逍遙記憶法, 范仲淹的故事, http://www.jiyifa.cn/mingren/462898.html

한자
- 近水樓臺先得月 — 蘇麟(宋), 斷句
  [근수누대선득월 — 소린(송), 단구]
- 물에 가까운 누각에서 먼저 달의 그림자를 볼 수 있다.
- 樓: 층집 누, 臺: 대(무대) 대

03

최고의 클럽은
자기가 만드니라

진보가 빨라져 부단히 새로운 사물이 나오다.

[日新月異]

임경희 (송)

2021년 초여름, 지인은 새로운 드라이버로 교체한 후 거리와 방향성이 모두 좋아졌다며 미소가 넘쳤다. 그 드라이버는 심미감이 넘치는 디자인에 신소재로 최고 성능을 구현한 최신 제품이었다. 게다가 자신의 신체조건에 맞도록 피팅까지 마친 것이었다. 그러니 유비, 관우, 장비 중 장비(裝備)가 으뜸이라는 개그를 반복할 만했다.

1개월 후쯤, 그 지인과 라운드를 하게 되었는데 그 미소를 찾을 수 없었다. 시간이 지나면서 영 딴판이 되었다는 것이었다. 또 다른 지인은 비공인 드라이버로 교체한 후 상당한 기대를 걸었으나 그 이전과 대동소이하다고 불만이었다. 과연 신통할 만한 드라이버나 아이언, 그리고 밀기만 하면 들어가는 퍼터는 없는 것일까?

송나라 때, 임경희(林景熙)는 "일신월이(日新月異)"를 강조하였는데, 이는 신제품의 출현에 대하여 시사하는 바가 크다. 이 성어는 직역하면 "날로 새롭고 달마다 다르다."는 것이다. 그 성어의 뿌리는 대학(大學)에 나오는 "진정 날로 새로워지고, 날마다 새로워지며, 또다시 날로 새로워진다(苟日新, 日日新, 又日新 / 구일신, 일일신, 우일신)."이다. 이 성어에 내포되어 있는 의미는 사물과 사회의 발전이나 진보가 빠르게 이루어져 새로운 사물과 사회현상이 부단히 출현한다는 것이다. 즉, 과학과 신기술이 발달하면서 문명의 이기는 물론, 운동장비도 급속도로 첨단화, 고도화되는 것을 포함한다.

골프에서도 첨단소재와 최고성능으로 무장한 클럽을 제작하는 것은 어렵지 않다. 이에 따라, 브랜드별로 1, 2년마다 신제품이 출시되곤 한다. 거리와 방향성이라는 양수겸장(兩手兼將)의 비기(秘器)라고 광고하기도 한다. 여기에 더하여 전문적 피팅을 통해 최적의 클럽조건에 근접해 간다. 골퍼가 신체조건이나 스윙상태를 고려하여 피팅한 클럽으로 개비하였다면, 이 클럽은 가히 일신월이(日新月異)의 수준에 도달했다고 해도 무방할 것이다.

지인의 설명에 의하면, 그 드라이버는 첨단 신제품에 속하는 것으로 보인다. 그럼에도 만면에 미소를 짓게 했던 드라이버가 불만을 터뜨리게 한 원인은 무엇일까? 매우 간단하다. 일신월이(日新月異)의 클럽이 스스로 볼을 치는 게 아니기 때문이다. 이 클럽은 디자인과 소재와 성능이 뛰어나지만 그 자체로는 골프의 도구일 뿐이다.

주지하다시피 골프는 정확하면서도 일관된 동작이 이 클럽을 통해 볼에 전달되어야 한다. 그 동작의 정확성과 일관성을 유지하기 위하여, 프로지망 중등생의 경우에는 하루에 1천여 개의 샷을 한다고 알려져 있다. 아마추어 골퍼는 이 정도에 미치지 못하지만, 열정이 강한 경우에는 1주일에 몇 번씩 연습을 통해 정확성과 일관성을 유지하려고 노력한다. 그러나, 대부분의 주말 골퍼가 주중에 2, 3회 연습을 하기는 쉽지 않다. 이러한 상태에서 그 최신 드라이버로 라운드할 경우에는 거리와 방향이 라운드마다 다를 수밖에 없으니, 일희일비의 상태를 벗어나기 어렵다.

첨단과학과 신기술의 발달로 거리와 방향성을 겸비한 클럽이 출시되더라도, 골퍼의 신체조건과 스윙동작에 맞도록 부단한 연습을 하지 않으면 공염불(空念佛)이다. 골퍼가 큰 돈을 들여 최고의 클럽으로 개비하더라도, 그 우수한 성능을 활용할 수 없다면 그 클럽의 효용은 기존의 것보다 못할 수도 있다. 따라서, 정기적 교습과 부단한 연마를 통하여 자신의 클럽을 최적 도구이자 양수겸장의 비기로 만들어 보자. 하여, 멋진 샷을 날린 후 만면의 미소를 지으며 초록필드에 경쾌한 발걸음을 내딛자.

첨단 과학의 발달로 문명의 이기(利器)가 도처에 산재해 있다. 그러나 우리는 문명의 이기를 어느 정도 이용하고 있을까? 사용주체로서 적시에 능동적으로 이용하지 못한다면 일신월이(日新月異)의 효과는 퇴색될 것이다.

문헌

- 임경희(林景熙): 1242~1310, 송나라 말기 문인
- 제산집(霽山集): 임경희가 저술한 시문연구서
- 대학(大學): 예기(禮記) 42편이었으나 송나라 때 사서(四書)의 하나로 받아들임.

한자

- 日新月異 — 林景熙(宋), 霽山集
  [일신월이 — 임경희(송), 제산집]
- **진보가 빨라져 부단히 새로운 사물이 나오다.**
- 異: 다를 이

제 10 장

맹자의
관계지속 요령

골프 멤버는 동락(同樂)의 특수관계자다.

멋진 지음(知音)이라면 더 없는 행복이다.

도움 주는 멤버는 사람들이 모인다.

덕 있는 멤버는 외롭지 않다.

맹자는 라운드 중에 선생이 되지 말라 하고,

백거이는 달팽이뿔만한 필드에서 다투지 말라 한다.

깊이 헤아려야 할 지혜이다.

01

멋진 지음(知音)과
꿈의 라운드를 즐겨라

높게 솟아오른 산과 넓은 바다로 흐르는 물

[高山流水]

열자

골프에서 동반자는 다양하게 이루어진다. 고객, 친구, 동문, 직장동료, 모임 회원을 비롯하여 여러 종류의 지인이 포함된다. 모든 동반자를 아는 경우도 있고 초면인 동반자도 있다. 동반자가 고객일 때는 명랑골프로 다소 산만하다. 모임 회원일 때도 비슷하다. 동반자의 수준이 비슷한 데다 스트로크 게임을 하는 경우라면, 상당한 긴장감 속에서 마음의 여유를 누리기 어렵다. 그렇다고 동반자 간에 수준차가 클 경우에도 골프를 즐기기는 쉽지 않다.

누구와 라운드 할 때 가장 즐거울까? 어느 정도의 수준을 갖추었으면서도 마음이 통하는 친구이리라. 마음이 통하는 친구, 즉 지음(知音)에 대한 중국 고사를 지나치기 어렵다. 열자(列子)에 나오는 유백아(兪伯牙)와 종자기(鍾子期) 간의 우정은 우리에게 큰 감동을 주기 때문이다.

춘추시대 때, 진(晉)나라에 유백아(兪伯牙)라는 거문고악사가 있었다. 그는 음률에 정통했고 연주실력도 출중했다. 어느 날, 그는 배를 타고 고향에 가다가 잠시 쉬던 중이었다. 추석 초야에 청풍명월(淸風明月)을 마주하니 만감이 교차했다. 그래서, 강가에서 홀로 거문고를 타니 그 소리가 은은하게 아름다운 경치에 스며들었다. 그 때, 한 나무꾼이 강가에서 "좋구나!"라고 외치는 소리가 들렸다. 둘은 의기투합하여 많은 얘기를 나누었다. 백아는 나무꾼이 거문고의 연주법뿐만 아니라 음악이론에도 정통하였음을 알게 되었다. 백아가 고산(高山)을 찬미하는 곡을 연주했더니, 나무꾼은 "연주가 기가 막히네요. 우뚝 솟은 태산을 보는 것 같소."라고 말했다. 한 곡을 더 연주했더니, 그는 "정말 오묘하네요. 도도히 흐르는 강물(流水) 같소."라고 평했다. 그 순간, 백아는 이 나무꾼은 천 년이 지나도 만나기 어려운, '음악을 아는 사람(知音)'이라고 인정했다. 그 나무꾼의 이름은 종자기(鍾子期)였다. 그날 밤, 둘은 술을 마시며 거문고와 음악 얘기를 나누다 밤을 새웠다. 다음 날 아침, 둘은 고별주를 나누며 다음 해 추석초야에 그 자리에서 만나기로 약속했다.

1년 후, 백아는 그 곳에 가서 밤새 그를 기다렸다. 종자기가 나타나지 않자, 다음 날 아침 종자기의 집을 찾아 다녔다. 백아는 종자기를 아는 노인으로부터 "종자기가 몇 개월 전에 세상을 떠났다."는 말을 들었다. "종자기가 임종 전에 선생과의 약속을 얘기 하더이다."라는 말도 들었다. 백아는 노인을 따라 종자기의 묘소에 가서 눈물을 흘리며 슬픈 곡을 연주했다. 그는 대성통곡을 하며 "선생이 이 세상에 없으니 다시는 내 악곡을 알아들을 사람이 없소. 더 이상 거문고를 연주해서 뭘 하겠소?"라고 탄식했다. 그는 바로 거문고를 부순 후 다시는 거문고를 타지 않았다.

이 고사의 핵심은 마음이 통하는 지음(知音)이지만 그 매개체는 고산유수(高山流水)이다. 즉, 유백아가 악곡을 연주했더니, 종자기가 이를 알아보면서 우뚝 솟은 산(高山)과 도도히 흐르는 물(流水)처럼 오묘하다고 답한 것이다. 격조 있는 음악을 통하여 무언의 공감을 바탕으로 깊은 우정의 샘물이 넘침을 알 수 있다. 지위나 외모 또는 학식이 끼어들 여지가 없다.

골퍼들 사이에 서로 마음이 통한다는 것은 간단치 않다. 하여, 송나라 때의 시승(詩僧)인 석인숙(釋印肅)은 "아는 사람이 천하에 가득해도, 마음을 알아주는 사람은 몇이나 될 수 있을까(相識滿天下, 知心能幾人 / 상식만천하, 지심능기인)?"라고 소회를 읊은 듯하다. 시공을 초월해서 통하는 말이다.

그렇다고 골퍼에게 지음(知音)이 없는 것은 아니다. 굳이 얘기하지 않아도 마음으로 상대방의 의향이나 상태를 이해한다. 어느 정도의 골프 수준을 갖춘 상태에서 따뜻한 심성과 훈훈한 배려를 바탕으로 자연스럽게 소통한다. 오가는 대화나 다소곳한 웃음이 라운드 분위기를 부드럽게 한다. 동반자의 굿샷을 자신의 샷처럼 기뻐하며, 미스샷에 대해서는 부드럽게 기분을 다독인다. 창공의 흰구름과 산

하의 향기에 인색하지 않고, 초록필드에 스치는 청풍을 허투루 지나
치지 않는다. 이러한 골퍼라면 가히 지음이라 할 수 있다. 지음과 함
께 라운드를 하는 것은 꿈의 향연이리라.

치열한 경쟁, 삭막한 환경, 불확실한 미래가 복잡하게 얽힌 세상
에서 마음이 통하는 지음(知音)이 있다면 분명 성공한 사람이라 할
수 있다. 지음과 한 잔 술에 멋진 음악으로 화답하며 복잡한 세상사
를 터놓고 대화할 수 있다는 것은 큰 행복이리라.

문헌
- 열자(列子): B.C.450~375, 열어구(列禦寇), 전국시대 정나라 도가사상가
- 열자(列子): 열어구가 지은 도가서

한자
- 高山流水 – 列子, 蕩問
  [고산유수 – 열자, 탕문]
- **높게 솟아오른 산과 넓은 바다로 흐르는 물**
- 流: 흐를 류

02

도움 주는 멤버 곁에는
사람들이 모이니라

복숭아와 오얏나무 아래는 말하지 않아도 저절로 길이 난다.

[桃李不言, 下自成蹊]

사기

나이가 들수록 골프 한 팀을 짜기 어렵다고 한다. 교외로 가서 5시간 정도 함께 라운드를 한다는 것을 생각하면 그리 간단치 않다. 건강, 매너, 비용, 수준 등을 따지다 보니 적잖이 신경 쓰인다. 어떤 사람은 관절이나 엘보 등 건강상의 문제로 빠진다. 골프 수준이 나머지 동반자들과 차이가 나면 라운드 제의가 줄어든다. 그럼에도 어떤 골퍼는 팀 구성에 어려움이 없으며, 또한 다른 팀에서도 환영받는다. 이런 골퍼는 어떤 장점이나 매력을 가졌을까?

사기(史記)에 나오는 이광(李廣)의 고사는 이러한 문제의 해결에 시사하는 바가 크다.

이광은 서한시대의 걸출한 장군으로 평생 흉노족과 70여 차례

전투를 하며 혁혁한 전공을 세웠다. 또한, 부하들과 백성들로부터 존경과 사랑을 받았다. 그는 장군이라는 높은 지위에 있었고 전공을 세웠음에도 자만하지 않았다. 그는 늘 사람들을 부드럽게 대하였으며 부하들과 동고동락하였다. 조정에서 그에게 상을 하사해도 오로지 부하들을 먼저 생각하여 그들에게 나누어 주었다. 전투를 하던 중에 군량미가 부족할 때에는 부하들과 함께 허기를 참아냈고, 전투를 벌일 때에는 앞장서서 맹위를 떨쳤다. 그래서, 그가 명령을 내리면 부하들은 목숨을 걸고 싸웠다. 그는 활을 잘 쏘는 데다 동작이 민첩했다. 흉노족은 그를 "날아다니는 장군(飛將軍)"이라고 불렀다. 흉노족은 이광을 몹시 두려워했으며 감히 도발하려 하지 않았다. 그가 죽었을 때 전 장병이 대성통곡하였으며, 그를 잘 아는 백성들도 깊은 애도를 표했다.

사마천(司馬遷)은 사기(史記)에서 이광에 대하여 "복숭아와 오얏나무 아래는 누가 말하지 않아도 저절로 길이 생긴다(桃李不言, 下自成蹊)."고 호평하였다(주석 1).

이 경구(警句)를 풀어보면, 복숭아와 오얏나무에는 향기 있는 꽃이 피고 달콤한 과실이 열리므로, 굳이 사람들에게 알려주지 않아도 꽃이나 과실을 보고 사람들이 찾아오게 되어, 그 나무 아래는 조그만 길이 저절로 생긴다는 것이다. 사마천은 이광이 평생 흉노족의 침략을 막아내면서 부하들에게 관심과 애정을 베풀었으며, 힘겨운 생활을 같이 하였고, 전쟁에서 맹위를 떨쳤다는 점에 대하여 높이 평가하였다. 즉, 이광은 말을 하지 않아도 복숭아와 오얏나무 아래에 모이는 사람들처럼 부하들과 백성들로부터 존경과 사랑을 받았다는 것이다.

골프에서도 복숭아와 오얏나무 아래에 사람들이 자주 왕래하여 길이 나듯이, 지인들에게 '과실'과 '꽃'을 줄 수 있다면 라운드 제의를 기꺼운 마음으로 받아들일 것이다. 여기에는 골퍼가 동반자에게 마음이 담겨 있는 조그만 선물을 준비하거나 동반자의 안전을 우선적으로 배려하는 것을 들 수 있다. 또한, 동반자가 자신의 문제점을 바로잡아 달라고 요청하였을 때 알기 쉽게 도움을 주는 것도 해당될 수 있다. 즉, 골퍼가 생색 내지 않고 자연스럽게 동반자의 입장과 기분을 고려해서 유형의 선물이나 무형의 도움을 동반자에게 제공하는 것이라 하겠다. 이러한 경우에는 팀 구성에 어려움이 없을 뿐만 아니라 다른 팀에서도 환영 받을 수 있을 것이다.

여러 관계 속에서 먼저 낮추고 베풀며 도움을 주기는 참 어렵다. 이렇게 행하는 사람의 주위에는 사람들이 많이 모인다. 새로운 친구나 사업파트너가 되고, 사업의 확장으로 이어지며, 오랜 고민을 해소할 수 있는 묘안을 나누기도 한다. 관계가 어려울 땐 사기(史記)의 경구를 되새겨 볼 만하다.

문헌

- 사마천(司馬遷): B.C.145~86, 서한 역사가. 동양역사학의 시조
- 사기(史記): 사마천이 편찬한 역사서로 정사(正史)의 으뜸으로 평가됨

주석

1) 漢辭網, 桃李不言, 下自成蹊的故事, http://www.hydcd.com/cy/gushi/ 0555tl.htm

한자

- 桃李不言, 下自成蹊 — 司馬遷, 史記
  [도리불언, 하자성혜 — 사마천, 사기]
- **복숭아와 오얏나무 아래는 말하지 않아도 저절로 길이 난다.**
- 桃: 복숭아 도, 蹊: 작은길 혜

03

라운드 중에
레슨을 자제하라

사람들의 병폐는 다른 사람의 선생이 되는 것을 좋아한다는 것이다.

[人之患在好爲人師]

맹자

    라운드를 하다 보면 가끔 난처한 경우를 본다. 동반자가 요청하지 않는데도 그 동반자에게 레슨을 하는 경우다. 동반자가 한두 마디의 레슨으로 동작을 체득할 수 있겠는가? 전문가의 지속적인 레슨과 부단한 연습을 병행해도 간단치 않은데, 어떻게 라운드 중에 개선할 수 있으리오. 원시적 불능에 가깝다. 오히려, 불편한 관여로 인하여 원래의 샷마저 흔들리게 된다. 그럼에도 그 동반자에게 원치 않는 레슨을 반복하는 경우에는 나머지 동반자들도 매우 불편하다.

    맹자는 이러한 레슨 동반자에 대하여 따끔한 일침을 가한다. "사람들의 병폐는 다른 사람의 선생이 되는 것을 좋아한다는 것이다(人之患, 在好爲人師)."라고. 맹자가 살던 때에도 자신의 학식이나 경험

을 자랑하며 선생 노릇하기를 좋아하는 병폐가 많았던 것 같다. 당
시는 겸양(謙讓)이 중요한 미덕이었던 때인데, 선생이 되려 하는 자
가 학식이 풍부하였다면 겸허하지 못하다는 비판을 면하기 어려웠
고, 학식이 부족하였다면 경박하다는 질책을 받게 되었을 것이다.

　이와 관련하여, 당나라 때의 유명시인인 유우석(劉禹錫)도 자신
의 잘못을 성찰하며 제자들에게 훈계한 바 있다. 어느 해, 서생 시
절의 우승유(牛僧孺)가 장안에 과거를 보러 갔다. 그때, 정성을 다해
준비한 문장을 가지고 당시 명성이 자자한 유우석을 찾아가 강평을
요청했다. 유우석은 그의 문장을 펼쳐보더니 "날아다니는 붓으로
문장을 썼구만!"이라고 면박을 주었다. 바로 앞에서 휘갈기며 대부
분 고쳤다. 유우석이 유명한 문장가로서 친히 문장을 수정하여 도
움을 준 것은 좋았으나, 우승유에게 마음의 상처를 주었다.

　후에, 유우석은 낮은 지방관으로 좌천된 반면에, 우승유는 재상
의 지위에 올랐다. 우연한 기회에, 두 사람은 만나 술을 마시며 담소
를 나누었다. 술이 오를 무렵, 우승유는 시를 한 수 지었다. "술에 의
탁하여 말을 가벼이 하는 것을 언짢아 하지 마시오(莫嫌恃酒輕言語 /
막혐시주경언어). 문장을 가지고 먼지 속(유우석)을 찾아간 적이 있었
으니(曾把文章謁後塵 / 증파문장알후진)."라고 쓰여 있었다. 유우석이
이 시구를 보고 깜짝 놀라 그 당시 자신의 잘못을 알게 되었다. 유우
석이 급히 시를 한 수 지어 사죄하자, 우승유는 그때서야 그간의 서
운함을 풀었다. 유우석은 제자들에게 "당시 성심껏 후진을 가르쳤
는데 역효과를 내서 큰 화를 입을 뻔했다. 너희들은 이를 경계하여

다른 사람의 선생이 되는 것을 좋아하지 마라."라고 훈계했다(주석 1). 위 고사는 다른 사람의 선생이 될 때 각별히 주의를 기울여야 한다는 것을 실감나게 일러준다.

맹자의 경구와 유우석의 고사는 요즈음 골프장에서 무요청(無要請) 레슨으로 분위기를 어색하게 하는 골퍼에게 일침을 가한다. 수준이 높지 않은 골퍼가 종종 이런 우를 범한다. 도움도 되지 않고 매너도 아니다. 자격도 되지 않고 방법도 아니다. 오만에서 벗어나 겸허해야 한다. 그런 레슨을 할 여유가 있다면 자신의 골프 기본을 높이는데 집중함이 낫다. 90대 골퍼는 남을 못 가르쳐서 안달 나고, 80대 골퍼는 먼저 요청할 때만 알려주며, 70대 골퍼는 알려 달라고 사정사정하면 마지못해 답해준다는데, 이러한 문제를 잘 드러낸다.

우리 주변에서도 상대방의 요청이 없음에도 선생인양 인생사나 경험담을 장황하게 애기하는 경우가 적지 않다. 유우석(劉禹錫)도 잘못을 뉘우친 후 제자들에게 맹자(孟子)의 일침을 강조하였다. 이른바 꼰대가 되지 않기 위해 깊이 헤아려야 할 가르침이다.

문헌

- 맹자(孟子): B.C.372~289, 맹가(孟軻), 전국시대 추나라 사상가, 유가 학파
- 맹자(孟子): 맹자가 제후들에 대한 유세와 제자들과의 대화를 기술한 책

주석

1) 老劉(2019.11.25.), 牛僧儒與劉禹錫的那些事, 個人圖書館, http://www.360doc.com/content/19/1125/18/4958641_875419526.shtml

한자

- 人之患在好為人師 — 孟子, 離婁
  [인지환재호위인사 — 맹자, 이루]
- **사람들의 병폐는 다른 사람의 선생이 되는 것을 좋아한다는 것이다.**
- 患: 재난 환, 好: 좋아할 호, 師: 스승 사

04

달팽이뿔만한 필드에서
다투지 마라

달팽이뿔만큼 좁은 세상에서 어인 일로 다투는가?

[蝸牛角上爭何事]

백거이(당)

필자가 가끔 참여하는 월례회에서 발생한 일이다. 몇 팀 중 한 팀은 스트로크 게임을 좋아했다. 그 팀은 다음 월례회에서도 같은 멤버로 조를 편성해 줄 것을 요구했다. 두어 차례 같은 팀으로 라운드를 하다가 마침내 사달이 발생했다. 상호간에 게임에 대한 긴장감이 높아지다 보니 라운드 중에 언쟁으로 이어졌다. 규정에 맞지 않는다는 것이었다. 나중에 들어보니 한 골퍼가 규정을 제대로 알지 못했다. 평소에는 충분히 넘어갈 수 있는 부분이었으나, 긴장감이 높은 게임인지라 사소한 말 한마디가 언쟁으로 이어졌던 것이다. 대자연의 심판 앞에서 라운드 중 언쟁이 어인 말인가?

당나라의 문장가인 백거이(白居易)는 이런 골퍼에게 일갈한다.

"달팽이뿔만큼 좁은 세상에서 어인 일로 다투는가(蝸牛角上爭何事)? 부싯돌의 불꽃만큼 짧은 시간에 이 몸을 맡겼을 뿐인데(石火光中寄 此身 / 석화광중기차신)."라고. 우리가 살아가는 세상은 우주의 크기에 비하면 달팽이뿔보다 더 좁다. 우리가 살아있는 시간은 우주의 나이에 비하면 부싯돌의 불꽃이 튀기는 찰나보다 더 짧다. 이렇게 좁은 세상, 짧은 시간에 다툰다는 게 말이 되는가? 더욱이 아름다운 산하와 청초한 풀들 사이, 꽃향기 그윽한 청풍 속에서 라운드를 하고 있지 아니한가?

위 시구(詩句)의 발원은 장자(莊子)에 나오는 와각지쟁(蝸角之爭)이다.

전국시대에 명가(名家)의 창시자인 혜시(惠施)는 위혜왕(魏惠王)에게 대진인(戴晉人)을 천거했다. 대진인은 위혜왕에게 "달팽이의 왼쪽 뿔에는 촉씨(觸氏)가 건국했고, 오른쪽 뿔에는 만씨(蠻氏)가 건국했습니다. 두 나라는 영토를 두고 늘 전쟁을 벌여 시체가 수만 구에 이르렀습니다. 그들은 패잔병들을 추격한 후 15일만에야 돌아왔습니다."라고 말했다. 위혜왕이 "아! 이건 거짓말이다!"라고 하자, 대진인은 위혜왕에게 "제가 군왕에게 증명해 드리겠습니다. 천지의 사방과 상하에 막힌 데가 없습니다. 이렇게 넓은 곳을 살핀 후 사통팔달(四通八達)의 나라들 사이로 돌아올 수 있다면, 있는 듯, 없는 듯한 것이나 다름 없다고 생각하십니까?"라고 물었다. 위혜왕이 "그렇다."고 답하자, 대진인은 "사통팔달의 나라들 가운데 위나라가 있고, 그 가운데 양읍(梁邑)이 있으며, 양읍의 가운데 군왕이 있습니다."라고 말했다. 이어, 대진인이 "이 군왕과 만씨(蠻氏)를 구별해낼 수 있습니까?"라고 묻자, 위혜왕은 "없다."고 답했다. 대진인이 떠난 후, 위나라 왕은 어찌 할 바를 모르며 무언가 잃어버린 듯한 생각이 들었다. 대진인은 위혜왕에게 달팽이뿔만큼 좁은 세상에서 두 나라가 쉬지 않고 전쟁을 벌이니 가소롭기 그지없다는 점을 지적했던 것이다.

백거이의 시구와 장자의 우화는 골프장에서 사소한 일로 티격태격하는 골퍼를 따끔하게 훈계한다. 누가 얼마나 옳은 지가 중요하지 않다. 이해관계가 상반되는 싸움터나 더 많은 성과를 내야하는 시장이 아니기 때문이다. 혹여나 귀에 거슬리는 말이 들리더라도 들으려 하지 말자. 따져야 할 경우라면 차분하게 설득하자. 게임에 긴장감이 고조되려 하면 미리 조율하자. 이러한 상황이 발생하면, 그 아름다운 공간은 뭐가 되며 그 소중한 시간은 뭐가 되랴. 더 큰 문제는 그 멤버들과 대자연의 초록필드에서 재회하기는 어려울 수 있다는 것이다. 하여, 도덕경(道德經)은 만물에 도움을 주면서도 다투지 않는 물에게서 배우라(水善利于萬物而不爭 / 수선이우만물이부쟁, 8장)고 했으니, 이 가르침도 같이 떠올리자.

세상에는 대립과 갈등, 시비와 언쟁이 빈번하게 발생한다. 오해와 분노, 상처와 충격으로 관계의 바탕에 금이 가는 경우도 적지 않다. 갈수록 복잡다단한 사회에서 장자의 우화와 백거이의 시구를 음미하며 자신을 돌아보면 좋겠다.

문헌

- 백거이(白居易): 772~836, 당나라 시인. 시문으로 신라에까지 알려졌다고 함.
- 대주(對酒): 처세에 관한 시

한자

- 蝸牛角上爭何事 – 白居易, 對酒

  [와우각상쟁하사 – 백거이, 대주]
- **달팽이뿔만큼 좁은 세상에서 어인 일로 다투는가?**
- 蝸: 달팽이 와, 角: 뿔 각, 爭: 다툴 쟁, 何: 어찌 하

05

덕이 있으면
동반자 문제는 없느니라

덕이 있으면 외롭지 아니하여 반드시 이웃이 있느니라.

[德不孤, 必有隣]

논어

    골프를 치다 보면, 후덕(厚德)한 골퍼가 있는 반면에 박덕(薄德)한 골퍼도 있다. 전자는 배려와 매너로 대하고, 후자는 무례와 불손으로 대한다. 전자는 동반자를 모으기 쉽고 동반자로서도 환영 받는다. 반면에, 후자는 시간이 갈수록 팀구성 문제로 라운드하기 어려워질 수 있다.

    공자는 논어(論語)에서 "덕이 있으면 외롭지 아니하여 반드시 이웃이 있다(德不孤, 必有隣)."라고 설파하였다. 덕(德)이라는 글자는 "간다(行)."라는 의미와 "똑바른 마음(悳)"이라는 의미의 합성어로서 "똑바른 마음을 가지고 인생의 길을 걷는다."는 것으로 해석된다(주석 1). 공자의 이 가르침을 골프에 적용한다면, 덕이 있는 사람은 라운드를 위한 팀 구성이나 라운드 중에 소외될 수 없다.

덕은 어떻게 구현될 수 있을까? 절제력과 배려심으로 구현될 수 있다. 절제력은 자신에 대한 것이고, 배려심은 동반자에 대한 것이다. 절제력과 배려심은 동떨어져 있는 것이 아니라 밀접하게 관련되어 있다. 즉, 절제력이 있는 사람은 동반자에 대한 배려심도 좋다고 할 수 있다. 절제력과 배려심에 관련된 시구를 음미하며 골프에 연결해 보자.

절제력에 관한 것으로는, 원나라 왕면(王冕)의 시구(詩句)가 마음에 와 닿는다.

> 다른 사람의 칭찬에 화색을 띠지 말고,
> 세상을 가득 채울 청아한 기품을 남기시오.
>
> 不要人夸好顔色, (불요인과호안색)
> 只留淸氣滿乾坤. (지류청기만건곤)

다른 사람으로부터 멋있다는 칭찬을 듣기보다는 천하에 풍길 수 있는 맑은 향기, 고상한 기품을 가지라는 것으로 풀이된다. 골프에 맞추어 해석해 보자면, 동반자로부터 골프 수준도 높고 폼도 좋으며 패션도 으뜸이라는 칭찬을 기대하지 말지어다. 나아가, 동반자의 칭찬에 겸손하고 스코어에 겸허하며 언동에 품격을 유지하자. 편한 사이라 하더라도, 동반자가 근거리 파를 놓쳤거나 더블보기를 한 경우에는 버디를 했다 하여 과도한 언동을 삼가자. 자신의 수준이 좀 높다고 하여 동반자의 입장을 고려하지 않은 채 훈수를 두어 분위기를 어색하게 하지 말자. 컨디션 난조로 생크가 나거나 짧은 펏을 놓쳤더라도, 평정심을 잃지 말고 자책성 언사나 불편한 표정을 자제하자.

배려심에 관한 것으로는, 당나라 왕범지(王梵志)의 시구(詩句)가 골퍼의 생각을 일깨워준다.

> 좋은 일은 서로 양보해야 하고,
> 궂은 일은 서로 넘기지 말지어다.
>
> 好事須相讓, (호사수상양)
> 惡事莫相推. (악사막상추)

좋은 일은 동반자에게 양보하여 혜택을 주고 궂은 일은 다른 사람에게 떠넘기지 말라는 것이다. 이를 골프에 맞추어 보자면, 라운드 중에 동반자에게 어려운 상황이 발생했을 때 방관하지 말고 자신의 일처럼 동반자에게 관심을 베풀되 부정적 영향을 주지 말라는 것으로 해석된다. 배려심을 발휘할 경우는 절제력을 보여야 할 경우에 비해 훨씬 많다. 동반자가 볼을 찾을 때 정성을 다해 도와주는 것이나, 한여름 카트를 탈 때 그늘진 자리에 앉도록 양보하는 것도 여기에 해당한다. 동반자의 멋진 샷에 기뻐하고 가라앉은 분위기를 적절히 다독이는 것도 배려심의 발로라 할 수 있다.

냉혹한 경쟁의 프로세계에서 동반자에 대한 배려심이 넘치는 예도 있다. 2021년 RBC해리티지 3라운드에서, 맷 쿠차가 김시우 프로의 버디펏 볼이 55초간 홀 끝에 있는 것을 기다렸다가 홀에 들어가자, 자신의 볼이 들어간 것처럼 기뻐하며 축하를 아끼지 않았던 모습은 후덕한 감동으로 다가온다(주석 2).

골프의 동반자는 그 라운드를 동고동락하는 공동체 구성원이다. 혹자는 그 동반자와 다음 라운드를 함께 할 수 있다면 그 라운드는 성공적이라고 평한다. 자신에 대한 절제력을 유지하면서 동반자에 대한 배려심에 감동받았다는 것이리라. 골퍼가 절제력과 배려심을 구현하여 공자가 강조한 덕(德)을 실행에 옮긴다면 '덕불고(德不孤)'의 인기 골퍼, '필유린(必有隣)'의 으뜸 골퍼가 될 수 있을 것이다.

외로운 일상 속에서 차 한 잔, 막걸리 한 사발을 나누며 힘겨운 사연과 즐거운 소식을 함께 나눌 수 있는 번개 친구가 드문 세상이다. 이러한 친구가 있는 사람은 그 동안 덕(德)을 쌓아서 마음이 통하는 동반자를 두었다고 할 만하다.

문헌

- 공자(孔子): B.C.551~479, 공구(孔丘), 춘추시대 노나라 사상가, 유가 시조
- 논어(論語): 공자와 제자들 간의 대화록, 사서(四書)의 하나
- 왕면(王冕): 1310~1359, 원나라 유명화가, 시인
- 왕범지(王梵志): 수나라 말~당나라 초, 시승(詩僧)

주석

1) 이명권(2008.7.7.), 예수, 공자를 만나다. 16:덕과 아레테, 아시아화해학연구소, https://www.bing.com/search?q=%EC%9D%B4%EB%AA%85%EA%B6%8C+%EB%8D%95%EA%B3%BC+%EC%95%84%EB%A0%88%ED%85%8C&cvid=ea44c38ec9934286b5dd1a3e618db39f&aqs=edge..69i57.12688j0j4&FORM=ANAB01&PC=U531

2) 김도하, 골프에서 훌륭한 동반자의 조건⋯ 김시우와 동반한 쿠차, 골프한국, https://golfhankook.hankooki.com/news/articleView.html?idxno=10245057

한자

- 德不孤, 必有隣 — 孔子, 論語, 里仁
  [덕불고, 필유린 — 공자, 논어, 이인]
- **덕이 있으면 외롭지 아니하여 반드시 이웃이 있느니라.**
- 德: 큰 덕, 孤: 외로울 고; 隣: 이웃 린

에필로그

이 책을 쓰기 시작할 땐, 골프가 경영이나 인생과 절묘하게 통한다는 생각은 있었으나 구체적으로 와닿지 않았다. 한 토픽, 한 장(章)을 써갈수록 그 의미와 형상이 시나브로 드러났다.

골프는 기업경영이나 인생의 지난한 과정에 대하여 다양한 가르침과 심오한 깨우침을 전한다.

충실한 기본과 깔끔한 마무리를 중시하라. 매출확대보다는 위험요소를 없애라. 법의 담장을 넘지 마라. 위기는 단번에 끝나지 않고, 행운은 연달아 오지 않는다. 위험한 곳에선 돌아감이 상책이다. 즐거움과 강인함 속에서 고상한 품격을 지향하라. 족함과 그침을 깨우쳐라. 유연함과 겸허함을 견지하라. 가는 길이 힘들어도 고난을 돛으로 삼아 창해(滄海)를 건너라. 담대함과 평정심으로 흔들리는 멘털을 이겨내라. 위험의 망각이나 순간의 해이(解弛)에서 벗어나라. 상대를 이기려 하기보다는 자신을 이기는 데 힘쓰라. 집착에서 벗어나되, 오는 기회를 놓치지 마라. 그래야 질풍(疾風)을 견뎌내는 억센 풀(勁草)로 거듭날 수 있다.

또한, 골프는 인생의 단조로운 여정에서 행복의 상큼함과 충전의 든든함을 선사한다.

멋진 지음(知音)이나 후덕(厚德)한 멤버와 라운드할 때면 신선이

된 행복감을 떨칠 수 없다. 봄날의 청산녹수와 여름의 풀꽃향기, 가을의 단풍소리와 겨울의 은빛설원…… 이처럼 수려한 자연을 거니노라면 어느새 그 신비에 동화되고 만다. 라운드 후 미주(美酒)에 담소를 나누다 보면, 작금의 시름이 끼어들 여지가 없다. 하여, 골프는 자연의 과객(過客)이자 재미의 주인으로 인생의 여유를 즐기게 해준다.

이 책을 마무리할 땐, 골프를 통해 인생이나 경영을 돌아보는 성찰의 시간임을 알게 되었다. 골프가 베풀어 주는 가르침과 깨우침, 즐거움과 충전의 의미는 필자에게 깊은 울림으로 다가왔다. 그래서, 골퍼들이나 기업인들과 더불어 향유하고자 하는 바람도 커졌다.

앞으로 라운드할 땐, 골프가 중국 고전명구를 통해 선사한 가르침과 즐거움에 대해 깊이 헤아리련다. 성심껏 실행에 옮기며 감사의 마음을 가지련다. 이 책과의 소중한 약조이기도 하다.

궁금했던 골프법률
Q&A

1. 까마귀가 카트에서 100만 원권 수표가 든 지갑을 물어간 경우 누구 책임인가요?

　　까마귀가 카트에서 100만 원권 수표가 든 지갑을 물어간 경우 골프장 경영자는 지갑 소유자에게 손해배상책임이 없을 것으로 보인다. 지갑소유자가 유가증권이나 그 밖의 고가물의 종류와 가액을 명시하여 골프장에 맡기지 않았다면, 골프장 경영자는 상법 제153조에 따라 지갑 소유자에게 분실이나 멸실에 대한 책임을 지지 않는다.

　　이와 유사한 사례로, 까마귀가 카트에서 핸드폰을 물고가다 숲 속에 떨어뜨려 분실된 경우 핸드폰 소유자가 고가물의 종류와 가액을 명시하여 골프장에 맡기지 않았다면, 골프장 경영자는 위 상법 조항에 따라 핸드폰 소유자에게 분실에 대한 책임을 지지 않는다.

2. 골프장 클럽하우스 현관에서 골프가방을 도난당한 경우 누구 책
   임인가요?

   대중제 골프장에서 이용객이 골프가방 거치대에 놓아 둔 골프
   가방을 도난당한 경우, 경비원 수를 늘리거나 현관에 있는 골프가
   방 거치대에 잠금장치를 하지 아니한 과실이 있다면, 골프장 경영
   자는 상법 제152조 제2항, 제3항에 따라 위 이용객에게 손해를
   배상할 책임이 있다.

   위 골프장의 현관 등에 골프가방의 보관, 관리는 본인이 하여
   야 하고, 분실시 책임지지 않는다는 안내문을 게시하였다 하더라
   도 골프장 경영자는 손해배상책임을 져야 한다(서울민사지방법원
   1991.3.20. 선고 90나24290 판결).

3. 골프장에서 분실구를 주운 경우 죄가 되는가요?

   골퍼가 라운드 중에 1, 2개의 분실구를 주운 경우 그 골퍼에게
   소유권이 인정될 수 있으며, 절도죄가 성립하기는 어려울 것으로
   보인다. 그러나, 2, 3인이 밤에 골프장의 연못에 있는 다수의 볼
   들을 수거하여 판 경우는 특수절도죄가 성립된다.

   1, 2개의 분실구에 소유자의 성명과 연락처가 적혀 있지 않은
   경우 소유자를 특정하기 어렵고, 적혀 있더라도 소유권을 포기한
   것으로 추정할 수 있다. 이러한 경우에는 무주물에 해당되어, 민
   법 제252조 제1항에 따라 분실구를 선점한 자에게 소유권이 인정
   될 수 있다. 다만, 다수의 분실구는 골프장 경영자가 사실상 지배

하는 것으로 볼 수 있으므로, 2,3인이 골프장에 들어가 다수의 분실구를 수거해 간 경우에는 특수절도죄를 구성하게 된다.

이와 관련하여, 3인이 2017년 3월부터 6월까지 밤에 잠수복을 입고 골프장 연못에 들어가 총 11만 5천여 개의 골프공(금 2,300만원 상당)을 훔친 혐의로 불구속 입건된 바 있다.

4. 골프 내기는 어느 정도가 도박죄에 해당되는가요?

골프에서 내기가 오락인지, 아니면 도박인지는 사안마다 다르다. 시간과 장소, 가액의 정도, 가담자들의 사회적 지위나 재산 정도, 이득의 용도 등 여러 가지 객관적 사정들을 참작하여 결정하게 된다(대법원 1985.4.9. 선고 84누692 판결).

골퍼가 상습도박죄로 처벌받은 판례가 있다. 2004년경, 4인은 1타당 50~100만원으로 하되 라운드 후 정산하여 계좌에 이체하기로 정한 후, 3인은 26회에 걸쳐 합계 6억여 원 상당의, 나머지 1인은 32회에 걸쳐 합계 8억여 원 상당의 상습도박을 하였다. 2인은 징역 6월, 나머지 2인은 징역 8월의 실형을 받았다(서울고등법원 2006.1.11. 선고 2005노2065 판결).

5. 골퍼가 티샷지점 바닥의 잔디보호망에 넘어져서 다친 경우 누구 책임인가요?

골퍼가 티샷지점의 바닥에 쳐놓은 잔디보호망에 넘어져서 다친 경우, 골프장 경영자는 바닥망이라는 공작물의 설치상 과실 또

는 안전관리상 과실로 인하여 손해를 입게 하였으므로, 민법 제
758조 제1항, 체육시설의 설치·이용에 관한 법률 제11조 제1항
에 따라 그 골퍼에게 손해배상책임이 있다.

다만, 골프장 경영자가 바닥망에 위험안내 표지를 설치해 두었다
면 그 골퍼도 일정 부분 과실이 인정되어 손해액이 줄어들 수 있다.

6. 골프 초보자가 친 공에 그 선상보다 앞쪽에 있던 동반자가 맞아
   부상을 입게 된 경우 누구 책임인가요?

국가 관리 골프장에서 골프 초보자가 친 공에 앞쪽에 있던 동
료가 맞아 부상을 입은 경우, 그 캐디로서는 피해자에게 가해자의
공이 놓인 선상보다 앞서 나가 있지 않도록 주의를 주거나 그로
하여금 그보다 뒤쪽으로 이동하도록 요구하여 사고를 미리 방지
하지 못한 과실이 있으므로, 국가는 캐디의 사용자로서 캐디와 함
께 피해자에게 손해배상책임이 있다(서울고등법원 2006.7.20. 선고
2005나103244 판결).

사설골프장에서 이와 같은 부상사고가 발생한 경우에도 캐디
가 골프장의 피용자라면 골프장 경영자와 캐디가 공동으로 피해
자에게 손해배상책임이 있을 것으로 보인다.

7. 프로대회에서 갤러리들이 양쪽 늘어서서 관람하고 있는 상태에
   서 티샷볼에 맞아 다친 경우 누구 책임인가요?

프로대회에서 갤러리들이 코스 양쪽에 길게 늘어서서 관람하

고 있는 상태에서 티샷볼에 맞아 다친 경우, 골프장 경영자는 골프장이라는 체육시설의 안전관리상 과실로 인하여 손해를 입게 하였으므로, 민법 제750조, 체육시설의 설치·이용에 관한 법률 제11조 제1항에 따라 손해배상책임이 있을 것으로 보인다. 다만, 갤러리가 골프장 경영자의 지시에 반하여 안전선 안으로 넘어온 상태에서 공에 맞은 경우에는 갤러리의 과실이 상당 부분 인정되어 손해액이 줄어들 수 있다.

한편, 입장권에 골프장 경영자가 경기 중 타구사고에 대하여 책임을 지지 않는다는 문구가 적혀 있더라도, 이는 약관규제에 관한 법률 제6조에 따라 고객에게 부당하게 불리한 조항에 해당되어 무효가 될 수 있다.

8. 골퍼의 발이 카트 바퀴에 끼었음에도 카트가 출발하여 다친 경우 누구 책임인가요?

골퍼의 발이 카트 바퀴에 끼었음에도 캐디가 그냥 출발하여 골퍼가 다친 경우, 카트 운전자가 골프장에 고용되지 않은 캐디이면, 그 캐디는 일응 골퍼에게 손해배상책임이 있다. 카트 운전자가 골프장에 고용된 캐디이면, 골프장 경영자는 일응 사용자로서 캐디와 함께 골퍼에게 손해배상책임이 있다.

참고로, 골프장 경영자가 캐디의 행위에 대하여 민법 제756조의 사용자책임을 지는지 여부는 골프장 경영자가 캐디에 대하여 실질적으로 지휘감독하는 관계에 있는지에 의하여 정해지며(대법원 1999.10.12. 선고 98다62671 판결 참조), 사실상, 외형상 객관적으로 캐디가 골프장 경영자를 위하여 그 지휘감독 아래 그 의사에 따라 업무를 수행하는 관계에 있을 때에도 포함된다(대법원 2010. 10.28. 선고 2010다48387 판결 참조).

이와 관련하여, 카트 운전자가 과실치상의 형사책임을 진 경우도 있다. 운전자는 2007년 7월 용인 소재 골프장에서 피해자를 태우고 진행하기 전에 피해자 등 승객들에게 안전 손잡이를 잡도록 알리지 않고 승객들이 안전 손잡이를 잡았는지 확인하지 않은 상태에서 출발한 후, 각도가 70도가 넘는 커브 길을 충분히 감속하지 않고 급하게 우회전한 과실로 피해자로 하여금 위 카트에서 떨어지게 하여 두개골골절 등의 상해를 입게 한 사안이다(수원지방법원 2008.12.17. 선고 2008고단1490 판결).

9. 골퍼가 라운드 중에 볼을 찾다 연못에 미끄러져 익사한 경우 누구 책임이나요?

골퍼가 라운드 중 볼을 찾다 미끄러져 익사한 경우, 골프장 경영자는 골프장이라는 체육시설의 안전관리상 과실로 인하여 손해를 입게 하였으므로, 민법 제750조, 체육시설의 설치·이용에 관한 법률 제11조 제1항에 따라 그 유족에게 손해배상책임이 있다. 다만, 골프장의 연못 주변에 익사위험 안내표지가 설치되어 있었음에도 골퍼가 공을 찾으려다 익사하였다면, 골퍼의 과실비율이 높게 인정되어 손해액이 줄어들 수 있다.

이와 관련하여, 2011년 6월 인천 소재 골프장에서, 2017년 3월 경북 청도 소재 골프장에서, 2020년 6월 경기 용인 소재 골프장에서 익사사고가 발생한 바 있다.

위와 같은 골프장 익사사고가 발생한 경우 2022년 1월 시행된 중대재해 처벌 등에 관한 법률의 적용 여부가 문제될 수 있다. 특히, 골프장을 공중이용시설로 볼 수 있는지 등의 쟁점들에 대하여 견해가 대립되나, 이에 관한 판례가 나오지 아니하였으므로 그 처벌 여부 등에 대한 귀추가 주목된다.